【中国人格读库】

国家新闻出版广电总局

培育和践行社会主义核心价值观主题出版重点出版物

中国人格名言

爱国卷

高占祥 主编

《中国人格名言》编写组 编

北京时代华文书局

图书在版编目（CIP）数据

中国人格名言．爱国卷 /《中国人格名言》编写组编．-- 北京 ：北京时代华文书局，2015.7（2022.3 重印）

（中国人格读库 / 高占祥主编）

ISBN 978-7-5699-0414-7

Ⅰ．①中… Ⅱ．①中… Ⅲ．①格言－汇编－中国 Ⅳ．①H136.3

中国版本图书馆 CIP 数据核字（2015）第 161540 号

中国人格名言·爱国卷

ZHONGGUO RENGE MINGYAN · AIGUO JUAN

主　　编 | 高占祥
编　　者 |《中国人格名言》编写组

出 版 人 | 陈　涛
责任编辑 | 邢　楠
装帧设计 | 程　慧　王艾迪
责任印制 | 訾　敬

出版发行 | 北京时代华文书局 http://www.bjsdsj.com.cn
　　　　　北京市东城区安定门外大街 138 号皇城国际大厦 A 座 8 楼
　　　　　邮编：100011　电话：010-64267955　64267677
印　　刷 | 三河市嵩川印刷有限公司　0316-3650395
　　　　　（如发现印装质量问题，请与印刷厂联系调换）
开　　本 | 787mm×1092mm　1/16　印　张 | 16.5　字　数 | 156 千字
版　　次 | 2016 年 1 月第 1 版　　印　次 | 2022 年 3 月第 2 次印刷
书　　号 | ISBN 978-7-5699-0414-7
定　　价 | 48.00 元

社会主义核心价值观与中国人格

周殿富

社会主义制度在中国已经建立了六十余年，而我们党则在本世纪初叶提出了培育弘扬社会主义核心价值观的重大课题，显然是其来有自。

社会主义的道德风尚在新中国蔚然兴起，曾经那样地风靡于二十世纪中叶。邓小平同志曾经在改革开放中讲过，当年"这种风气不仅是中国历史上从来没有过的，而且受到了世界人民的赞誉"。然而可惜的是，这个在社会主义制度建立与实践中，同步兴起的社会主义道德风尚的成长道路，却是一波四折。半个多世纪以来，它先是与共和国一道遭受了十年"文革"的浩劫；接着便是全党工作重心转移到改革开放进程中，欧风美雨"里出外进"的浸洗濡染；再接着是西方"和平演变"在东欧得手的强烈震荡与冲击；最后又是市场经济中那两只"看不见的手"在搅动着、嬗变着人们的价值取向。至少在国民中出现了价值观上的多层次化，传统美德的弱化，社会道德文明水准的退化，光荣革命传统的淡化，这也许正是中央在本世纪初提出社会主义核心价值观的原因吧。

不管怎么"变"，怎么"化"，当我们回首来时路，却不能不说，中华民族真的很强大，很值得骄傲。人类经历了几千年的文明进程，堪称世界文化之源的"五大文明古国"，其他四大古国文明都已被历史淘汰灭亡，只有中国成了唯一的延续存在。近现代即使那般的积贫积弱，被西方列强豆剖瓜分、弱肉强食，想亡我中华都不可能，就连最强大的美帝国主义，最凶残的日本军国主义都成为我们的手下败将，而且打出了一个新中国，且跨过整整一个历史阶段，直接进入了社会主义。西方敌对势力几十年不遗余力地对新中国百般围剿，"冷战""热战""和平演变"手段用尽，连如此强大的前苏联乃至整个苏东阵营都被瓦解了，而社会主义的旗帜仍旧在960万平方公里的土地上高高飘扬，而且昂首挺胸地屹立在世界的东方，中国真的是太强大了。几十年来的瞩目成就，竟然令西方发出了"中国威胁论"。你管他别有用心也好，言过其实也好，总比让别人说我们是"瓷器"，是"东亚病夫"好吧？1840~1949年的一百零九年间，中国尽受别人的欺负、"威胁"了，我们也能让那些昔日列强有点"威胁感"，又有什么不好？更何况这是他们自己说的啊！我们并没吹嘘，也没有去做。几千年来我们侵略过谁呢？"反战""非攻""兼相爱，交相利"，中国古有墨子，近有周恩来、邓小平同志。这也是中华民族固有传统美德的延续吧！

生于忧患，死于安乐，这也当是中华民族的一个传统美德吧？几十年来尽管中国如此繁荣兴旺，但从邓小平生前一直到党的"十八大"以来，无论哪一届中央领导集体，从来都没有忘记过国之忧患。忧在何处，患在何处呢？

二十世纪八十年代末，邓小平同志曾经在半年的时间内四次提到：中国改革开放十年最大的失误在教育，在"对青年的政治思想教育抓得不够""对人民的教育不够"，足见他的痛心疾首。他晚年时又提到了"国格"与"人格"的问题，讲道："谈到人格，但不要忘记还有一个国格。特别是像我们这样第三世界的发展中国家，没有民族自尊心，不珍惜自己民族的独立，国家是立不起来的。"

（精装版《邓小平文选》第3卷331页。）

人们很少注意到邓小平的这一段话，但邓小平恰恰是在这里把"国格""人格"提升到了事关"立国"的高度。

那么，什么是我们社会主义的"国格"呢？邓小平讲得很明白："民族自尊心""民族的独立"。

新中国一路走来，我们最大的尊严便是完全靠"自力"，靠"艰苦奋斗"，而达"更生"之境。对西方敌对势力的"冷战""热战""和平演变"，我们何曾有过屈服？也正是在这一前提下，我们才有真正的"民族独立"。这就是我们的国格。那么什么是我们中国人的人格呢？邓小平同志在这里没有讲，但他在1978年4月22日召开的全国教育工作会议上的讲话中，在讲到我们的教育培养目标时，至少提到与社会主义人格相关的各个方面：革命的理想，共产主义的品德，勤奋学习，严守纪律，艰苦奋斗，努力上进，爱祖国，爱人民，爱劳动，爱科学，爱护公共财产，助人为乐，英勇对敌，集体主义精神，专心致志地为人民工作，等等。这里的哪一条不属于社会主义人格的范畴呢？

2006年党的十六届三中全会，第一次提出了"建设社会主义核心价值体系"的历史性命题和战略任务。2007

年，胡锦涛同志在"6·25"讲话中又具体提出这个"体系"包括四个方面的内容：①马克思主义的指导思想；②中国特色社会主义共同理想；③以爱国主义为核心的民族精神和以改革创新为核心的时代精神；④社会主义荣辱观。这四个方面，一是信仰，二是理想，三是精神，四是道德文明，哪一个不在社会主义人格的范畴之内呢？党的十七届六中全会又提到了社会主义核心价值体系是"兴国之魂"。

2012年11月，在党的"十八大"上又用"三个倡导"把社会主义核心价值观概括为十二项：①倡导富强、民主、文明、和谐；②倡导自由、平等、公正、法制；③倡导爱国、敬业、诚信、友善。而且中办文件又把这"三个倡导"分为三个层面：第一个"倡导"的四项，是国家层面的价值目标；第二个"倡导"的四项，是社会层面的价值取向；第三个"倡导"的四项，是公民个人层面的价值准则。实际上前两个"倡导"的八项都是属于"国格"范畴，而第三个"倡导"是属于"人格"范畴。

那么，我们怎样才能在前面讲到的那些历史嬗变中培育建构起这个"核心价值观"呢？中共中央政治局的第十三次集体学习，似乎很明确地回答了这个问题。

新华社北京2014年2月25日电讯称：中央政治局在2月24日，以弘扬社会主义核心价值观，弘扬中华传统美德为内容，进行了集体学习，习近平总书记在主持学习时强调：

培育和弘扬社会主义核心价值观必须立足中华优秀传统文化。牢固的核心价值观，都有其固有的根本。抛弃传统、丢掉根本，就等于割断了自己的精神命脉。博大精深的中国优秀传统文化是我们在世界文化激荡中落稳脚跟的根基。中华文化源远流长，积淀着中华民族最深层的精神追求，代表着中华民族独特的精神标识，为中华民族生生不息、发展壮大提供了丰厚滋养。中华传统美德是中华文化精髓，蕴含着丰富的思想道德资源。不忘本来才能开辟未来，善于继承才能更好创新。对历史文化特别是先人传承下来的价值理念和道德规范，要坚持古为今用、推陈出新，有鉴别地加以对待，有扬弃地予以继承，努力用中华民族创造的一切精神财富来以文化人，以文育人。

习近平总书记的这段论述相当精辟，对于如何培育建构社会主义核心价值观问题从四个方面剀切明白。

第一，他明确指出要在中华优秀传统文化的基础上，来构造我们的社会主义核心价值观，而不能割断历史。这一条十分重要，否则我们便会失去我们的本来面目，便会成为无源之水，也就无法走向未来。

第二，指出了中华传统美德是中华文化精髓，蕴含着丰富的思想道德资源。这就为我们揭示了社会主义核心价值观，要以弘扬优秀的中华传统美德为基础。

第三，他指出，对传统文化在扬弃中继承，在继承中创新。这就是说，社会主义核心价值观的内涵，既要有优良传统的文化精神，也要有时代精神，是二者的有机结合。

第四，他指出要用中华民族创造的一切精神财富，来化人育人。这就是说，弘扬中华民族文化，并不只是传承儒学那些道统，而是要弘扬全民族共创的优秀传统文化。同时也就是说，培育、弘扬社会主义核心价值观的根本目的是化民、育人。

尤其值得瞩目的是，习近平总书记在这次讲话中提到了一个"中华民族独特的精神标识"问题，而在同年的全国组织部长会议上又提出我们再也不能以GDP论英雄的思想。让人欣慰的是，思想道德文化建设终于被提升到一个民族的标识地位，这至少表明中国人的思想观念，并不落伍于世界潮流。

并不受人欢迎的亨廷顿生前给他的祖国提出的警示忠告，竟是如何弘扬他们没有多少历史和文化的"传统文化"："盎格鲁新教精神——美国梦"，以此为国家的"文化核心"问题。他讲道："在一个世界各国人民都以文化来界定自己的时代，一个没有文化核心而仅仅以政治信条来界定自己的社会，哪有立足之地？"所以，他提醒他无限忠于的祖国，一定要巩固发扬他们自入居北美以来，在新教精神基础上形成的"美国梦"理念的"文化核心"地位，这样才能消解这个国家的民族与文化双重多元化的危机。为此，他甚至预言美国弄不好会在本世纪中叶发生分裂。而且他公开预言不列颠大英帝国也会因民族与文化多元化的问题，导致在本世纪上半期发生分裂。

西方的一些专家学者们也十分强调国家民族文化的地位问题，柏克说："全世界的人根据文化上的界限来区分自己。"丹尼尔同样说："保守地说，真理的中心在于，对一个社会的成功起决定作用的是文化，而不是政治。开明地说，真理的中心在于，政治可以改变文化，使文化免于沉沦。"这些语言也可能有它们的局限性与某种非唯物性，但至少可以让我们看到那些发达的资本主义国家在想什么，至少与马克思主义经典作家们，关于意识形态并不总是消极被动地接受它的经济基础的论断并不相悖。

中国显然具有世界上最悠久的民族文化，同时显然也拥有世界上最强大的政治优势。新中国包括它直接进入社会主义的经济形态，以及其后的一次次经济变革，哪一次不是靠政治力量在强力推动呢？它当然同样拥有让我们几千年的民族文化"免于沉沦"的能力。有学人认为我们的民族文化早就被以往一次次的历史性灾难割裂了，这个看法显然都是毫无道理的。但我们当下却确实面临着"两个传统"失传失统的危险。中国的传统文化与优秀的民族美德，在当代国民中还有多少传承？老一代中国共产党人用生命与鲜血铸就的光荣革命传统，在党内还有多少"光大"？我们现在全民族的"核心文化"到底在何处？"社会主义核心价值观"的提出不仅符合世界潮流，也是使我们优秀的民族文化得以传承而不发生历史断裂的根本保证。富和强永远都不是一个民族的标志，哪个国家不可以富，不可以强？但能代表中国"这一个"本来面目，具有自己民族特色的，唯有中华民族的文化，能代表中国人形象的只有中国独具的道德人格。什么是人格？人格就是原始戏剧中不同角色的本来面目。

综上所述，我们是不是可以这样认为，社会主义核心价值观应内含如下的成分：中华民族传统文化中的优秀传统美德；中国人民近现代反帝反侵略反封建的爱国主义、斗争精神与中国共产党领导下形成的几十年光荣革命传统；中国化了的马克思主义有中国特色社会主义的共同理想；与"中国梦"远大目标相适应的时代精神。由这些内涵构成的社会主义核心价值观，用它来干什么呢？用习近平总书记的话来说就是"化人""育人"，把它再具体化一下，无非是打造能体现中华民族特色，代表中国形象的国格、人格。在思想道德层面上，一个国家的民族精神也只有在人的身上才能体现，所以我们依据社会主义核心价值观的基本要求，针对当代青少年的实际情况，策划了《中国人格读库》这样一套大型系列选题。

本套书承蒙全国少工委、中华文化促进会、团中央中国青年网三家共同主办推广，并积极提供书稿。难得高占祥老前辈热情出任该套书的编委主任，且高占祥同志不辞屈就加盟主创作者队伍。一些大学、中学教师与青年作者也积极加盟此套书的编写。该选题被国家新闻广电出版总局列为2014年全国社会主义核心价值观重点选题，在此一并鸣谢。

希望本套书的出版能为社会主义核心价值观的培育与弘扬，为促进青少年的道德人格养成起到积极的作用。欢迎广大读者与作家对不足之处批评教正，多提宝贵建议与指导意见。

谨以此代出版前言并序。

二〇一四年十月

于北京时代华文书局

前　言

　　中国上下五千年，名人格言如珠玑玉露，洒落在中华文明的历史长河，滋养着每个中国人的心灵。"国家兴亡，匹夫有责"、"尊贤以崇德，举善以劝民"、"心欲小而志欲大"，这些报效国家、崇尚美德、修身励志的名言佳句，几千年来成为一代又一代中国人的生命追求。

　　《礼记·大学》有这样的话："古之欲明明德于天下者，先治其国；欲治其国者，先齐其家；欲齐其家者，先修其身；欲修其身者，先正其心……心正而后身修，身修而后家齐，家齐而后国治，国治而后天下平。"这就是名言"（正心）修身齐家治天下"的出处。正心，就是调整心态，纯正思想；修身，就是自我修养、完善人格；齐家，就是营造和睦的家庭。只有社会的每一个细胞——个人的精神纯正，家庭的生活美满，才能达到"国治"——国家稳定，天下太平。追求国家的富足、民主、文明、和谐，创造自由、平等、公正、法治的社会，是基于我们每个人爱国、敬业、诚信、友善的人格精神，因此，从汗牛充栋的国学典籍中拣选这些宝贵的名言，赋予历史活的文化生命和民族精神，是我们编辑这套《中国人格名言》的初衷。

品读这些格言，我们能看到先人对国家命运的担忧，身处逆境的坚定，面对荣辱、得失、利害的节操，也能看到他们对功成名就的希冀、"专心致志以事其业"的敬业，以及坦诚、无欺、一诺千金的个人操守；更能在那些简洁精辟的句子里，体会他们坦荡、豁达、平和、宽容的美好情操。而"知恩图报"、孝父母、悌兄弟，更是早已被视为中华民族天经地义的美德。这正是中国传统人格的力量，是我们心灵的依托和精神的指归。

我们编辑这本《中国人格名言》，就是希望从记载着中国历代贤君明主、武将文臣和代表中国文化巅峰的古代思想家、哲学家、骚人墨客行为、言辞的历史典籍中，撷录那些"至刚至大"，那些有关尊严、高贵、忠诚，有关礼义、仁爱、慈善的佳句，振作精神，鼓舞士气，在承受着社会压力和经历着人生种种磨难时，让我们依然满怀信念，善良而正直地生活。

《中国人格名言》是我社出版的《中国人格读库》中的一个系列，依据社会主义核心价值观，分为爱国、敬业、诚信、友善四个主题。《爱国卷》辑录了卫国、治国等九个方面的名言；《敬业卷》从农耕、经营，对待谋生、治学态度等方面突出敬天、敬业的重要性；《诚信卷》则从修身、守信、自尊、廉洁等方面昭示人们"信用"、"信誉"是人之所以为人的根本；《友善卷》择取了宽恕、礼义、豁达、沉着、为孝等方面的警句。这些传统文化精髓，正是营造良好社会环境的重要基石。我们选取摘录典籍涉及经史子集、笔记杂著、诗词楹联，每册1500余条，句子短小，文字通俗，注明了作者、出处，方便读者阅读、使用。当然，由于历史原因，这些文句中也不乏过去时代的糟粕，相信今天的读者能够从中择其精华，为己所用。由于编者知识有限，时间仓促，选材、归类、出处或有错误、疏漏，恳请广大读者批评指正。

编辑部

二〇一四年九月

目录

忧国篇

邦畿千里，维民所止。

语出：《诗经·商颂·玄鸟》。

见利思义，见危授命。

语出：《论语·宪问》。

国家将兴，必有祯祥；国家将亡，必有妖孽。

语出：《礼记·中庸》。

志士不忘在沟壑，勇士不忘丧其元。

语出：《孟子·滕文公下》。

天下有道，以道殉身；天下无道，以身殉道。

语出：《孟子·尽心上》。

不为爱亲危其社稷，故曰社稷戚于亲。

语出：《管子·七法》。

旧国旧都，望之畅然，虽使丘陵草木之缗，入之者十九，犹之畅然。

语出：《庄子·则阳》。

身在江海之上，心居乎魏阙之下。

语出：《庄子·让王》。

无功庸者，不敢居高位。

语出：《国语·晋语七》。

公家之利，知无不为，忠也。

语出：《左传·僖公九年》。

自毁其家，以纾楚国之难。

语出：《左传·庄公三十年》。

临患不忘国，忠也；思难不越官，信也；图国忘死，贞也。谋主三者，义也。

语出：《左传·昭公元年》。

鸟飞反故乡兮，狐死必首丘。

语出：战国·楚·屈原《九章·哀郢》。

誉人也不望其报，恶人也不顾其怨，以便国家利众为务。

语出：汉·司马迁《史记·日者列传》。

先国家之急而后私仇。

语出：汉·司马迁《史记·廉颇蔺相如列传》。

匈奴未灭，无以家为。

语出：汉·司马迁《史记·卫将军骠骑列传》。

为世忧乐者，君子之志也；不为世忧乐者，小人之志也。

语出：汉·荀悦《申鉴·杂言上》。

苟利社稷，则不顾其身。

语出：汉·马融《忠经·百工》。

常思奋不顾身，而殉国家之急。

语出：汉·班固《汉书·司马迁传》。

投死为国，以义灭身。

语出：三国·魏·曹操《让县自明本志令》。

闲居非吾志，甘心赴国忧。

语出：三国·魏·曹植《杂诗六首》。

捐躯赴国难，视死忽如归。

语出：三国·魏·曹植《白马篇》。

临难不顾生，身死魂飞扬。

语出：三国·魏·阮籍《壮士何慷慨》。

苟使国家有利，吾何避死乎。

语出：《魏书·古弼传》。

为社稷死则死之，为社稷亡则亡之。

语出：晋·陈寿《三国志·蜀书·谯周传》。

此间乐，不思蜀。

语出：晋·陈寿《三国志·蜀书·后主传》。

忠臣不必亲，亲臣不必忠。

语出：晋·陈寿《三国志·魏书·杜畿传》。

人谁不死？死国，忠义之大者。

语出：晋·陈寿《三国志·魏书·杨阜传》。

忧国忘家，捐躯济难，忠臣之志也。

语出：晋·陈寿《三国志·魏书·陈思王植传》。

烈士之爱国也如家。

语出：晋·葛洪《抱朴子·广譬》。

羁鸟恋旧林，池鱼思故渊。

语出：晋·陶渊明《归园田居》。

大马死，小马饿；高山崩，石自破。

语出：晋·佚名《明帝太宁初童谣》。

覆巢之下，无复完卵。

语出：南朝·宋·刘义庆《世说新语·言语》。

闻难思解，见利思避。

语出：隋·王通《文中子·魏相》。

见难而无苟免之心。

语出：唐·魏徵《群书治要·体论》。

白日不照吾精诚，杞国无事忧天倾。

语出：唐·李白《梁甫吟》。

苟无济代心，独善亦何益。

语出：唐·李白《赠韦秘书子春》。

中夜四五叹，常为大国忧。

语出：唐·李白《经乱离后天恩流夜郎忆旧游书怀赠江夏
韦太守良宰》。

剖心非痛，亡殷为痛。

语出：唐·李白《比干碑》。

白头虽老赤心存。

语出：唐·杜甫《承闻河北诸道节度入朝欢喜口号绝
句》。

丛菊两开他日泪，孤舟一系故园心。

语出：唐·杜甫《秋兴》。

江山如有待，花柳更无私。

语出：唐·杜甫《后游》。

国破山河在，城春草木深。

语出：唐·杜甫《春望》。

赤心事上，忧国如家。

语出：唐·韩愈《上李尚书书》。

其奈无成空老去，每临明镜若为情。

语出：唐·刘禹锡《遥和韩睦州元相公二君子》。

请看今日之域中，竟是谁家之天下。

语出：唐·骆宾王《代徐敬业讨武氏檄》。

言犹在耳，忠岂忘心。

语出：唐·骆宾王《代徐敬业讨武氏檄》。

身在江海上，云连京国深。

语出：唐·王昌龄《别刘谞》。

公家之事，知无不为。

语出：唐·杨炯《盐亭县令南阳邹思恭字克勤赞》。

丈夫皆有志，会见立功勋。

语出：唐·杨炯《出塞》。

仁者杀身以成名，君子有死而无贰。

语出：唐·杨炯《泸州都督王湛神道碑》。

良马不念秣，烈士不苟营。

语出：唐·张籍《西州》。

小来思报国，不是爱封侯。

语出：唐·岑参《送人赴安西》。

丈夫贵功勋，不贵爵禄饶。

语出：唐·姚合《送任畹评事赴沂海》。

报国行赴难，古来皆共然。

语出：唐·崔颢《赠王威古》。

国无道，而尸大位，可耻也；国有道，而抱关击柝，亦耻也。

语出：唐·马总《意林》。

吾虽瘠，天下肥矣。

语出：宋·欧阳修等《新唐书·韩休传》。

贤者报国之功，乃在缓急有为之际。

语出：宋·苏轼《答试馆职人启》。

忠臣体国，知无不为。

语出：宋·苏轼《答李琮书》。

天下将兴，其积必有源；天下将亡，其发必有门。

语出：宋·苏轼《策别》。

为国者终不顾家。

语出：宋·苏轼《陈公弼传》。

未成报国惭书剑，岂不怀归畏友朋。

语出：宋·苏轼《石鼻城》。

江山如画，一时多少豪杰。

语出：宋·苏轼《念奴娇·赤壁怀古》。

报国之心，死而后已。

语出：宋·苏轼《杭州召还乞郡状》。

生无以救国难，死犹为厉鬼以击贼。

语出：宋·文天祥《指南录后序》。

镜里朱颜都变尽，只有丹心难灭。

语出：宋·文天祥《酹江月·和友驿中言别》。

但令身未死，随力报乾坤。

语出：宋·文天祥《即事》。

山河破碎风飘絮，身世浮沉雨打萍。

语出：宋·文天祥《过零丁洋》。

人生自古谁无死，留取丹心照汗青。

语出：宋·文天祥《过零丁洋》。

臣心一片磁针石，不指南方不肯休。

语出：宋·文天祥《扬子江》。

塞上长城空自许，镜中衰鬓已先斑。

语出：宋·陆游《书愤》。

平生铁石心，忘家思报国。

语出：宋·陆游《太息宿青山铺作》。

杜门忧国复忧民。

语出：宋·陆游《春晚即事》。

一身报国有万死，双鬓向人无再青。

语出：宋·陆游《夜泊水村》。

松阅千年弃涧壑，不如杀身扶明堂。

语出：宋·陆游《松骥行》。

丈夫身在要有立，逆虏运尽行当平。

语出：宋·陆游《题醉中所作草书卷后》。

丈夫五十功未立，提刀独立顾八荒。

语出：宋·陆游《金错刀行》。

位卑未敢忘忧国。

语出：宋·陆游《病起书怀》。

双鬓多年作雪，寸心至死如丹。

语出：宋·陆游《感事六言》。

谁言咽月餐云客，中有忧时致主心。

语出：宋·杨万里《题刘高士看云图》。

居庙堂之高，则忧其民；处江湖之远，则忧其君。

语出：宋·范仲淹《岳阳楼记》。

古来百战功名地，正是鸡鸣起舞时。

语出：宋·范成大《送同年万元亨知阶州》。

矫首问天兮，天卒无言；忠臣效死兮，死亦何愆？

语出：宋·李幼武《宋名臣言行录续集》。

正待吾曹红抹额，不须辛苦学颜回。

语出：宋·陈与义《题继祖蟠室》。

人得交游是风月，天开图画即江山。

语出：宋·胡仔《苕溪渔隐丛话前集·山谷诗》。

落叶女墙头，铜驼无恙不？看青山，白骨堆愁。

语出：宋·刘辰翁《唐多令》。

可怜报国无路，空白一分头。

语出：宋·杨炎正《水调歌头》。

痴儿不了公家事，男子要为天下奇。

语出：宋·王庭珪《送胡邦衡之新州贬所》。

人臣之职，当奋不顾身。

语出：元·欧阳玄等《宋史·张叔之魏瓘滕宗谅等传》。

义不负心，忠不顾死。

语出：明·罗贯中《三国演义》。

君子虽在他乡，不忘父母之国。

语出：明·冯梦龙《东周列国志》。

忠臣不怕死，怕死不忠臣。

语出：明·佚名《名贤集》。

三生不改冰霜操，万死常留社稷身。

语出：明·海瑞《谒先师顾洞阳公祠》。

瞒人之事弗为，害人之心弗存，有益国家之事虽死弗避。

语出：明·吕坤《呻吟语》。

国色天香人咏尽，丹心独抱更谁知。

语出：明·俞大猷《咏牡丹》。

等鸿毛于一掷兮，何难谈笑而委形。

语出：明·张煌言《放歌诗》。

陆沉谁向中流砥，天阙招寻炼石神。

语出：明·张煌言《寄纪侍御衮文》。

所贵一寸丹，可逾金石坚。

语出：明·张煌言《被执过故里》。

人生有不死，所贵在立功。

语出：明·张羽《清口诗》。

浩气还太虚，丹心照千古。

语出：明·杨继盛《就义》。

人生富贵岂有极？男儿要在能死国。

语出：明·李梦阳《奉送大司马刘公归东山草堂歌》。

但愿苍生俱饱暖，不辞辛苦出山林。

语出：明·于谦《咏煤炭》。

苟利国家生死以，岂因祸福避趋之？

语出：清·林则徐《赴戍登程口占示家人》。

世界无穷愿无尽，海天寥阔立多时。

语出：清·梁启超《自励》。

谁怜爱国千行泪？说到胡尘意不平！

语出：清·梁启超《读<陆放翁集>》。

头颅肯使闲中老？祖国宁甘劫后灰？

语出：清·秋瑾《柬某君》。

一腔热血勤珍重，洒去犹能化碧涛。

语出：清·秋瑾《对酒》。

风声、雨声、读书声，声声入耳；家事、国事、天下事，事事关心。

语出：清·顾宪成《对联》

碧玉归无地，丹心痛入天。

语出：清·屈大均《谒文丞相祠》。

王事方殷，敢为儿女计乎。

语出：清·张廷玉等《明史·史可法传》。

战事篇

争地以战，杀人盈野；争城以战，杀人盈城，此所谓率土地而食人肉，罪不容于死。故善战者服上刑，连诸侯者次之，辟草莱、任土地者次之。

语出：《孟子·离娄上》。

事之弥顺，其侵人愈甚，必至于资单、国举然后已。

语出：《荀子·富国》。

王夺之人，霸夺之与，强夺之地。

语出：《荀子·王制》。

大兵之后，必有凶年。

语出：《老子》。

兵者不祥之器，物或恶之，故有道者不处。

语出：《老子》。

兵者不祥之器，非君子之器，不得已而用之，恬淡为上。胜而不美，而美之者，是乐杀人。夫乐杀人者，则不可以得志于天下矣。

语出：《老子》。

三军五兵之运，德之末也。

语出：《庄子·天道》。

兵，恃之则亡。

语出：《庄子·列御寇》。

能胜强敌者，先自胜者也。

语出：《商君书·画策》。

凡战法必本于政胜。

语出：《商君书·战法》。

以战去战，虽战可也。

语出：《商君书·画策》。

受命而不辞家，敌破而后言反。

语出：《吴子·论将》。

师出之日，有死而荣，无生而辱。

语出：《吴子·论将》。

惟口起羞，惟甲胄起戎。

语出：《尚书·说命中》。

归马于华山之阳，放牛于桃林之野。

语出：《尚书·武成》。

数战则民劳，久师则兵敝。

语出：《战国策·燕策一》。

兵不如者，勿与挑战；粟不如者，勿与持久。

语出：《战国策·楚策一》。

德足以安其国，政足以和其民，国安民和，然后可以举兵
而征暴。

语出：《晏子春秋·内篇问上第三》。

师直为壮，曲为老。

语出：《左传·隐公三年》。

兵犹火也，弗戢，将自焚也。

语出：《左传·隐公四年》。

兵者，国之大事也。死生之地，存亡之道，不可不察也。

语出：春秋·孙武《孙子兵法·计》。

主不可以怒而兴师，将不可以愠而致战。

语出：春秋·孙武《孙子兵法·火攻》。

以战止战，虽战可也。

语出：《司马法·仁本》。

怀恶而讨，虽死不服。

语出：《谷梁传·昭公四年》。

闻鼙鼓之声，则思将率之臣。

语出：汉·班固《汉书·陈汤传》。

兵出无名，事故不成。

语出：汉·班固《汉书·高帝纪》。

举兵不当，被患无穷。

语出：汉·董仲舒《春秋繁露·竹林》。

兵之胜败，本在于政。

语出：汉·刘安《淮南子·兵略》。

居马上得之，宁可马上治之乎?

语出：汉·司马迁《史记·郦生陆贾列传》。

有文事者，必有武备；有武事者，必有文备。

语出：三国·魏·王肃《孔子家语》。

伐人之国而以为欢，非仁者之兵也。

语出：晋·陈寿《三国志·蜀书·庞统传》。

洗兵海岛，刷马江洲。

语出：晋·左思《魏都赋》。

乃知兵者是凶器，圣人不得已而用之。

语出：唐·李白《战城南》。

苟能制侵陵，岂在多杀伤。

语出：唐·杜甫《前出塞》。

兵不妄动，师必有名。

语出：唐·白居易《策林》。

天下虽兴，好战必亡。

语出：唐·白居易《策林》。

几时拓土成王道，从古穷兵是祸胎。

语出：唐·李商隐《汉南书事》。

以顺讨逆，自然必胜。

语出：唐·张九龄《敕松模都督涅礼书》。

以兵为仁义，仁义生刀头。刀头仁义腥，君子不可求。

语出：唐·孟郊《寒溪》。

战鼓声未齐，乌鸢已相贺。

语出：唐·于濆《塞下曲》。

以德征暴，以大攻小，以信讨诈，以义罚不义，当如沸汤沃雪，猛火焚枯。

语出：唐·独孤及《敕与吐蕃赞普书》。

天时地利与人和，燕可伐与，曰可。

语出：宋·辛弃疾《西江月》。

救乱之世不语儒，求治之世不语战。

语出：宋·宋祁《杂说》。

兵之器，不祥于凶人，而祥于吉人，故有道者当用之。

语出：宋·赵湘《兵解》。

善战者不怒，善胜者不武。

语出：元·王恽《从谏》。

万乘之变，可以试智。

语出：清·魏源《默觚·治篇》。

保国篇

赳赳武夫，公侯干城。

语出：《诗经·周南·兔置》。

疆场之事，慎守其一，而备其不虞。

语出：《左传·桓公十七年》。

身既死兮神以灵，子魂魄兮为鬼雄。

语出：战国·楚·屈原《九歌·国殇》。

带长剑兮挟秦弓，首身离兮心不惩。

语出：战国·楚·屈原《九歌·国殇》。

风萧萧兮易水寒，壮士一去兮不复还。

语出：《战国策·燕策三》。

无手足则肢体废，无边境则内国害。

语出：汉·桓宽《盐铁论·诛秦》。

铅锡之刀，以效一割之用。

语出：汉·马融《上疏乞自效》。

枭骑战斗死，驽马徘徊鸣。

语出：汉·佚名《战城南》。

铠甲生虮虱，万姓以死亡。

语出：三国·魏·曹操《蒿里行》。

弃身锋刃端，性命安可怀。

语出：三国·魏·曹植《白马篇》。

捐躯赴国难，视死忽如归。

语出：三国·魏·曹植《白马篇》。

铅刀贵一割，梦想骋良图。

语出：晋·左思《咏史》。

男儿当死于边野，以马革裹尸还葬。

语出：南朝·宋·范晔《后汉书·马援传》。

大夫誓许国，愤惋复何有。

语出：唐·杜甫《前出塞》。

吾枕戈待旦，志枭逆虏，常恐祖生先吾着鞭。

语出：唐·房玄龄《晋书·刘琨传》。

无路请缨，等终军之弱冠；有怀投笔，慕宗悫之长风。

语出：唐·王勃《秋日登洪府滕王阁饯别序》。

感时思报国，拔剑起蒿莱。

语出：唐·陈子昂《感遇诗》。

马思边草拳毛动，雕眄青云睡眼开。

语出：唐·刘禹锡《始闻秋风》。

一闻边烽动，万里忽争先。

语出：唐·孟浩然《送陈七赴西军》。

黄沙百战穿金甲，不破楼兰终不还。

语出：唐·王昌龄《从军行》。

男儿何不带吴钩，收取关山五十州。

语出：唐·李贺《南园》。

胡尘未尽不为家。

语出：唐·韩翃《送刘将军》。

百姓安乐，便是甲仗。

语出：唐·吴兢《贞观政要·仁义》。

志士感恩起，变衣非变性。

语出：唐·孟郊《送韩愈从军》。

髑髅皆是长城卒，日暮沙场飞作灰。

语出：唐·常建《塞下曲》。

功名只向马上取，真是英雄一丈夫。

语出：唐·岑参《送李副使赴碛西官军》。

赤心报国无片赏，白首还家有几人。

语出：唐·刘长卿《疲兵篇》。

愿得此身长报国，何须生入玉门关。

语出：唐·戴叔伦《塞上曲》。

袖里莫邪光似水，丈夫不合等闲休。

语出：唐·杨牢《赠舍弟》。

少小虽非投笔吏，论功还欲请长缨。

语出：唐·祖咏《望蓟门》。

人生在世能几时？壮年征战发如丝。

语出：唐·张说《巡边在河北作二首》。

相看白刃血纷纷，死节从来岂顾勋？

语出：唐·高适《燕歌行》。

独自莫凭栏，无限江山。

语出：五代·李煜《浪淘沙》。

小楼昨夜又东风，故国不堪回首月明中。

语出：五代·李煜《虞美人》。

忧国孤臣泪，平胡壮士心。

语出：宋·陆游《新春》。

僵卧孤村不自哀，尚思为国戍轮台。

语出：宋·陆游《十一月四日风雨大作》。

一闻战鼓意气生，犹能为国平燕赵。

语出：宋·陆游《老马行》。

老子犹堪绝大漠，诸君何至泣新亭。

语出：宋·陆游《夜泊水村》。

国仇未报壮士老，匣中宝剑夜有声。

语出：宋·陆游《长歌行》。

笛里谁知壮士心，沙头空照征人骨。

语出：宋·陆游《关山月》。

壮心未与年俱老，死去犹能作鬼雄。

语出：宋·陆游《书愤》。

夜视太白收光芒，报国欲死无战场。

语出：宋·陆游《陇头水》。

胡未灭，鬓先秋，泪空流。此生谁料，心在天山，身老沧洲。

语出：宋·陆游《诉衷情》。

丈夫可为酒色死，战场尸横胜床笫。

语出：宋·陆游《前有樽酒行》。

男儿堕地志四方，裹尸马革固其常。

语出：宋·陆游《陇头水》。

楚虽三户能亡秦，岂有堂堂中国空无人！

语出：宋·陆游《金错刀行》。

死去元知万事空，但悲不见九州同。王师北定中原日，家祭无忘告乃翁。

语出：宋·陆游《示儿》。

贤者不悲其身之死，而忧其国之衰。

语出：宋·苏洵《管仲论》。

马革裹尸当自誓，蛾眉伐性休重说。

语出：宋·辛弃疾《满江红》。

袖里珍奇光五色，他年要补天西北。

语出：宋·辛弃疾《满江红》。

三十功名尘与土，八千里路云和月。

语出：宋·岳飞《满江红》。

怒发冲冠凭栏处，潇潇雨歇，抬望眼，仰天长啸，壮怀激烈。

语出：宋·岳飞《满江红》。

山河风景原无异，城郭人民半已非。

语出：宋·文天祥《金陵驿》。

生无以救国难，死犹为厉鬼以击贼。

语出：宋·文天祥《指南录·后序》。

痴儿不了公家事，男子要为天下奇。

语出：宋·王庭珪《送胡邦衡之新州贬所》。

男儿西北有神州，莫滴水西桥畔泪。

语出：宋·刘克庄《玉楼春》。

倚剑长歌一杯酒，浮云西北是神州。

语出：金·元好问《横波亭》。

养兵千日，用军一时。

语出：元·马致远《汉宫秋》。

一寸山河百战功。

语出：元·胡祗道《陈元达锁树谏图》。

祖宗疆土，当以死守，不可以尺寸与人。

语出：元·欧阳玄等《宋史·李纲传上》。

直抵黄龙府，与诸君痛饮。

语出：元·欧阳玄等《宋史·岳飞传》。

发为胡笳吹作兽，心因烽火炼成丹。

语出：明·王越《断句》。

英雄恨，泪满襟，何年三户可亡秦。

语出：明·夏完淳《仙吕傍妆台》。

裹尸马革英雄事，纵死终令汗竹香。

语出：明·张家玉《军中夜感》。

忠贞自是孤臣事，敢望千秋信史传？

语出：明·张煌言《甲辰八月辞故里》。

陆沉谁向中流砥，天阙招寻炼石神。

语出：明·张煌言《寄纪侍御衮文》。

山河纵破人犹在，试把兴亡细较量。

语出：明·张煌言《书怀》。

将军不下马，各自奔前程。

语出：清·曹雪芹《红楼梦》。

人生自古谁无死，马革裹尸是英雄。

语出：清·沙天香《战歌》。

十年如未死，卷土定重来。

语出：清·丘逢甲《答友问》。

卷土重来未可知，江山亦要伟人持。

语出：清·丘逢甲《离台诗》。

宰相有权能割地，孤臣无力可回天。

语出：清·丘逢甲《离台诗》。

只缘不伴沙场死，虚向人间走一遭。

语出：清·宁调元《岳州被逮时口占》。

辞家战士无旋踵，报国将军有断头。

语出：清·李重华《书周遇吉传》。

猛士不带剑，威武岂得申？丈夫不报国，终为愚贱人。

语出：清·陈恭尹《射虎射石头》。

拼得十万头颅血，须把乾坤力挽回。

语出：清·秋瑾《黄海舟中日人索句·并见日俄战争地图》。

金瓯已缺总须补，为国牺牲敢惜身？

出：清·秋瑾《鹧鸪天·祖国沉沦感不禁》。

保天下者，匹夫之贱，与有责焉耳矣。

语出：清·顾炎武《日知录》。

只解沙场为国死，何须马革裹尸还。

语出：清·徐锡麟《出塞诗》。

将士篇

所以不受命于主有三：可杀而不可使处不完，可杀而不可使击不胜，可杀而不可使欺百姓，夫是之谓三至。

语出：《荀子·议兵》。

凡受命于主而行三军，三军既定，百官得序，群物皆正，则主不能喜，敌不能怒，夫是之谓至臣。

语出：《荀子·议兵》。

善于为士者不武，善战者不怒，善胜敌者弗与。

语出：《老子》。

观国者观君，观军者观将。

语出：《管子·霸言》。

得众而不得其心，则与独行者同实。

语出：《管子·参患》。

师出之日，有死之荣，无生之辱。

语出：《吴子·论将》。

智将务食于敌。

语出：春秋·孙武《孙子兵法·作战》。

凡战者，以正合，以奇胜，故善出奇者，无穷如天地，不竭如江河。

语出：春秋·孙武《孙子兵法·势》。

将能而君不御者胜。

语出：春秋·孙武《孙子兵法·谋攻》。

三军可夺气，将军可夺心。

语出：春秋·孙武《孙子兵法·军争》。

胜者之战民也，若决积水于千仞之溪者，形也。

语出：春秋·孙武《孙子兵法·形》。

进不求名，退不避罪。

语出：春秋·孙武《孙子兵法·地形》。

将不仁，则三军不亲；将不勇，则三军不锐。

语出：《六韬·奇兵》。

将有威则生，无威则死；有威则胜，无威则北。

语出：战国·尉缭《尉缭子》。

卒有将则斗，无将则北。

语出：战国·尉缭《尉缭子》。

卒畏将甚于敌者，胜；卒畏敌甚于将者，败。

语出：战国·尉缭《尉缭子》。

饥饱劳逸寒暑必身度之，如此则师虽久不老。

语出：战国·尉缭《尉缭子》。

安静则治，暴疾则乱。

语出：战国·尉缭《尉缭子》。

勤劳之师，将不先己。暑不张盖，寒不重衣，险必下步。军井成而后饮，军食熟而后饭，军垒成而后舍，劳佚必以身同之。如此，师虽老而不老不弊。

语出：战国·尉缭《尉缭子》。

将者，士之心也；士者，将之肢体也。

语出：汉·刘向《说苑·指武》。

将不知兵，以其主予敌也；君不择将，以其国予敌也。

语出：汉·班固《汉书·晁错传》。

夫将帅者，必与士卒同滋味共安危，敌方可加。

语出：汉·黄石公《三略》。

出军行师，将在自专。进退内御，则功难成。

语出：汉·黄石公《三略》。

将拒谏则英雄散，策不从则谋士叛。

语出：汉·黄石公《三略》。

将贪财奸则不禁，将内顾则士卒慕。

语出：汉·黄石公《三略》。

将谋欲密，士众欲一，攻敌欲疾。

语出：汉·黄石公《三略》。

军井未达，将不言渴；军幕未办，将不言倦；军灶未炊，将不言饥。冬不服裘，夏不操扇，雨不张盖，是谓将礼。

语出：汉·黄石公《三略》。

将在军，君命有所不受。

语出：汉·司马迁《史记·孙子吴起列传》。

置将不善，一败涂地。

语出：汉·司马迁《史记·高祖本纪》。

闻鼙鼓之声，则思将率之臣。

语出：汉·班固《汉书·陈汤传》。

贵而不骄，胜而不恃，贤而能下，刚而能忍。

语出：三国·蜀·诸葛亮《将才》。

军无适主，一举可灭。

语出：晋·陈寿《三国志·魏书·武帝纪》。

但有断头将军，无有降将军。

语出：晋·陈寿《三国志·魏书·张飞传》。

将当以勇为本，行之以智计。但知任勇，一匹夫敌耳。

语出：晋·陈寿《三国志·魏书·夏侯渊传》。

将能而御之，此为縻军；不能而任之，此为覆军。

语出：晋·陈寿《三国志·魏书·三少帝纪》。

从令纵敌，非良将也。

语出：晋·陈寿《三国志·魏书·任城王传》。

人无常俗，而政有治乱；兵无强弱，而将有能否。

语出：南朝·宋·范晔《后汉书·皇甫规传》。

兵不在多，贵乎得人。

语出：南朝·宋·范晔《后汉书·刘表传》。

常胜之家，难以虑敌。

语出：南朝·宋·范晔《后汉书·臧宫传》。

将视兵如子，则兵视将如父；将视兵如弟，则兵视将如兄。

语出：唐·武则天《臣轨下·良将章》。

君欲立功者，必推心于将；将之求胜者，先致爱于兵。

语出：唐·武则天《臣轨下·良将章》。

古人争战，先料其将。

语出：唐·房玄龄《晋书·杜曾传》。

怯卒非战士。

语出：唐·李白《古风五十九首》。

明王选将帅也，访于众，询于人。若十人爱之，必十人之将也；百人悦之，必百人之将也；万人服之，必万人之将也。

语出：唐·白居易《选将帅之方》。

君功见于选将，将功见于理兵。

语出：唐·白居易《选将帅之方》。

君明则将贤，将贤则兵胜。

语出：唐·白居易《选将帅之方》。

从此世人开耳目，始知名将出书生。

语出：唐·刘禹锡《美温尚书镇定兴元以诗寄贺》。

枥上骅骝嘶鼓角，门前老将识风云。

语出：唐·耿湋《上将行》。

一将功成万骨枯。

语出：唐·曹松《己亥岁二首》。

死是征人死，功是将军功。

语出：唐·刘湾《出塞曲》。

良将如山如渊，人不知其戚，亦不知其欢。

语出：唐·马总《意林》。

临敌代将，自古所难。

语出：唐·李延寿《北史·李德林传》。

士以义怒，可与百战。

语出：宋·苏洵《心术》。

为将之道，当先治心。

语出：宋·苏洵《心术》。

遇繁而若一，履险而若夷。

语出：宋·苏辙《观会通以行典礼论》。

用兵之要，先择于将臣。

语出：宋·欧阳修《除李端懿宁远军节度使知澶州制》。

不知取将之无术，但云当今之无将。

语出：宋·欧阳修《准诏言事上书》。

谋将不取于弓马，良相不资于射策。

语出：宋·王溥《唐会要》。

将砺于铁，士乃忘躯。

语出：宋·宋祁《杂说》。

为将者，受命忘家，临敌忘身。

语出：宋·卢多逊等《旧五代史·唐书·明宗纪》。

兵不得将，与无兵同；将不知法，与无将同。

语出：宋·秦观《兵法》。

料敌势强弱，而知师之胜负，此将帅之能也。

语出：宋·苏过《士燮论》。

择将之道，惟审其才之可用也：不以远而遗，不以贱而弃，不以诈而疏，不以罪而废。

语出：宋·曾公亮等《武经总要·前集》。

兵以用而见其强弱，将以用而见其能否。

语出：宋·黎靖德《朱子语类》。

士卒畏将者胜，畏敌者败；爱将者胜，爱身者败。

语出：宋·罗大经《鹤林玉露》。

将贵能取胜，尤贵得众心。

语出：宋·郭士俊选注《百子金丹》。

畏我者不畏敌，畏敌者不畏我。

语出：宋·李昉等《太平御览》。

将不知古今，匹夫勇尔。

语出：元·欧阳玄等《宋史·狄青传》。

国以信而治天下，将以勇而镇外邦。

语出：元·施耐庵《水浒传》。

千军易得，一将难求。

语出：元·马致远《汉宫秋》。

为将者，有勇不如有智，有智不如有学。

语出：明·冯梦龙《东周列国志》。

将在谋不在勇，兵贵精不贵多。

语出：冯梦龙《古今小说·临安里钱婆留发迹》。

善攻者，敌不知其所守也；善守者，敌不知其所攻也。

语出：明·归有光《乞致仕书》。

百万之师听于一将，则胜。

语出：明·刘基《郁离子·省敌》。

朝中之举措咸宜，阃外之嫌疑自化。

语出：明·史可法《请励战守疏》。

为将者，能去能就，能柔能刚；能进能退，能弱能强。

语出：明·罗贯中《三国演义》。

观将知兵，观兵知将。

语出：清·赵尔巽等《清史稿·胡林翼传》。

兵之器者无不罢，将之贪者无不怯。

语出：清·赵尔巽等《清史稿·胡林翼传》。

御将难御，才将犹难。

语出：清·钱谦益《响言下》。

箪食壶浆，以迎王师。

语出：《孟子·梁惠王上》。

仁人之兵，所存者神，所过者化，若时雨之降，莫不说喜。

语出：《荀子·议兵》。

以道佐人主者，不以兵强天下。

语出：《老子》。

兵强则灭，木强则折。

语出：《老子》。

食者，国之宝也；兵者，国之爪也。

语出：《墨子·七患》。

不和于国，不可以出军；不和于军，不可以出阵。

语出：《吴子·图国》。

兵无常势，水无常形。

语出：春秋·孙武《孙子兵法·虚实》。

义兵不攻服。

语出：战国·吕不韦等《吕氏春秋·长攻》。

军中之事，不闻君命。

语出：《六韬·立将》。

存亡之道，命在于将。

语出：《六韬·论将》。

兵不可玩，玩则无威；兵不可废，废则召寇。

语出：汉·刘向《说苑·指武》。

非药曷以愈疾，非兵胡以定乱。

语出：唐·柳宗元《愈膏肓疾赋》。

刚大厦者，栋也；刚天下者，兵也。

语出：宋·宋祁《杂说》。

足天下之用，莫先乎财；系天下之安危，莫先乎兵。

语出：宋·欧阳修《本论》。

军政不一必败。

语出：宋·曾公亮等《武经总要·后集》。

天子，兵强马壮者为之，宁有种耶！

语出：宋·卢多逊等《旧五代史·晋书·安重荣传》。

富国必以本业，强国必以正兵。

语出：明·查继佐《罪惟录·经济诸臣列传》。

兵法篇

量敌而后进，虑胜而后会。

语出：《孟子·公孙丑上》。

视不胜犹胜也，量敌而后进。

语出：《孟子·公孙丑上》。

善用兵者，感忽悠暗，莫知其所从出。

语出：《荀子·议兵》。

善附民者，是乃善用兵者也。

语出：《荀子·议兵》。

用兵攻战之本，在乎壹民。

语出：《荀子·议兵》。

上得天时，下得地利，观敌之变动，后之发，先之至，此用兵之要术也。

语出：《荀子·议兵》。

用兵者，服战于民心。

语出：《韩非子·心度》。

用兵之道，务在壹赏。

语出：《商君书·算地》。

兵大律在谨。

语出：《商君书·战法》。

四战之国贵守战。

语出：《商君书·兵守》。

用兵必须审敌虚实而趋其危。

语出：《吴子·料敌》。

以一击十，莫善于隘；以十击百，莫善于险；以千击万，
莫善于阻。

语出：《吴子·应变》。

敌若绝水，半渡而薄之。

语出：《吴子·应变》。

用众者务易，用少者务隘。

语出：《吴子·应变》。

用兵之法，教戒为先。

语出：《吴子·治兵》。

用兵之害，犹豫最大；三军之灾，生于狐疑。

语出：《吴子·治兵》。

量力而知攻。

语出：《管子·霸言》。

众若时雨，寡若飘风。

语出：《管子·兵法》。

善者之为兵也，使敌若据虚，若搏景。

语出：《管子·兵法》。

凡用兵者，攻坚则轫；乘瑕则神。

语出：《管子·制分》。

善用兵者，无沟垒而有耳目。

语出：《管子·制分》。

善行者无达迹。

语出：《老子》。

善有果而已，不敢以取强。果而勿矜，果而勿伐，果而勿骄，果而不得已，果而勿强。

语出：《老子》。

圣人之用兵也，亡国而不失人心。

语出：《庄子·大宗师》。

宁我薄人，无人薄我。

语出：《左传·宣公十二年》。

不备不虞，不可以师。

语出：《左传·隐公五年》。

力能则进，否则退，量力而行。

语出：《左传·昭公十五年》。

见可而进，知难而退，军之善政也。

语出：《左传·宣公十二年》。

一日纵敌，数世之患。

语出：《左传·僖公三十三年》。

形人而我无形，则我专而敌分。

语出：春秋·孙武《孙子兵法·虚实》。

出其所必趋，趋其所不意。

语出：春秋·孙武《孙子兵法·虚实》。

善战者，致人而不致于人。

语出：春秋·孙武《孙子兵法·虚实》。

水因地而制流，兵因敌而制胜。

语出：春秋·孙武《孙子兵法·虚实》。

我专为一，敌分为十，是以十共其一也。

语出：春秋·孙武《孙子兵法·虚实》。

吾所与战之地不可知，则敌所备者多。敌所备者多，则吾所与战者寡。

语出：春秋·孙武《孙子兵法·虚实》。

水之行，避高而趋下；兵之形，避实而击虚。

语出：春秋·孙武《孙子兵法·虚实》

备前则后寡，备后则前寡；备左则右寡，备右则左寡；无所不备，则无所不寡。

语出：春秋·孙武《孙子兵法·虚实》。

能因敌变化而取胜者，谓之神。

语出：春秋·孙武《孙子兵法·虚实》。

佯北勿从，锐卒勿攻，饵兵勿食。

语出：春秋·孙武《孙子兵法·军争》。

兵非益多也，惟无武进，足以并力、料敌、取人而已。

语出：春秋·孙武《孙子兵法·行军》。

鸟起者，伏也。

语出：春秋·孙武《孙子兵法·行军》。

鸟集者，虚也。

语出：春秋·孙武《孙子兵法·行军》。

知彼知己，胜乃不殆；知天知地，胜乃不穷。

语出：春秋·孙武《孙子兵法·地形》。

地形者，兵之助也。

语出：春秋·孙武《孙子兵法·地形》。

用兵之法，无恃其不来，恃吾有以待也；无恃其不攻，恃吾有所不可攻也。

语出：春秋·孙武《孙子兵法·九变》。

先夺其所爱，则听矣。

语出：春秋·孙武《孙子兵法·九地》。

始如处女，敌人开户，后如脱兔，敌不及拒。

语出：春秋·孙武《孙子兵法·九地》。

以近待远，以佚待劳，以饱待饥，此治力者也。

语出：春秋·孙武《孙子兵法·军争》。

不知山林、险阻、沮泽之形者，不能行军。

语出：春秋·孙武《孙子兵法·军争》。

勇者不得独进，怯者不得独退，此用众之法也。

语出：春秋·孙武《孙子兵法·军争》。

善用兵者，避其锐气，击其惰归。

语出：春秋·孙武《孙子兵法·军争》。

围师必阙，穷寇勿迫。

语出：春秋·孙武《孙子兵法·军争》。

兵者，诡道也。故能而示之不能，用而示之不用，近而示
之远，远而示之近。

语出：春秋·孙武《孙子兵法·计》。

攻其无备，出其不意。

语出：春秋·孙武《孙子兵法·计》。

善战者之胜也，无智名，无勇功。

语出：春秋·孙武《孙子兵法·形》。

善战者，立于不败之地，而不失敌之败也。

语出：春秋·孙武《孙子兵法·形》。

守则不足，攻则有余。

语出：春秋·孙武《孙子兵法·形》。

上兵伐谋，其次伐交，其次伐兵，其下攻城。

语出：春秋·孙武《孙子兵法·谋攻》。

用兵之法，全国为上，破国次之；全军为上，破军次之。

语出：春秋·孙武《孙子兵法·谋攻》。

以虞待不虞者胜。

语出：春秋·孙武《孙子兵法·谋攻》。

小敌之坚，大敌之擒也。

语出：春秋·孙武《孙子兵法·谋攻》。

不知三军之事而同三军之政者，则军士惑矣。

语出：春秋·孙武《孙子兵法·谋攻》。

用兵之法：十则围之，五则攻之，倍则分之。

语出：春秋·孙武《孙子兵法·谋攻》。

知己知彼，百战不殆。

语出：春秋·孙武《孙子兵法·谋攻》。

不尽知用兵之害者，则不能尽知用兵之利也。

语出：春秋·孙武《孙子兵法·作战》。

兵闻拙速，未睹巧之久也。

语出：春秋·孙武孙武《孙子兵法·作战》。

善用兵者，役不再籍，粮不三载。

语出：春秋·孙武《孙子兵法·作战》。

兵贵胜，不贵久。

语出：春秋·孙武《孙子兵法·作战》。

间事未发而先闻者，间与所告者皆死。

语出：春秋·孙武《孙子兵法·用间》。

数战则民劳，久师则兵弊。

语出：《战国策·燕策一》。

譬之若水火然，善用之则为福，不善用之则为祸。

语出：战国·吕不韦等《吕氏春秋·荡兵》。

将失一令而军破身死。

语出：战国·吕不韦等《吕氏春秋·慎小》。

攻在于意表，守在于外饰。

语出：战国·尉缭《尉缭子》。

其言无谨，偷矣；其陵犯无节，破矣。

语出：战国·尉缭《尉缭子》。

求而从之，见而加之，主人不敢当而陵之，必丧其权。

语出：战国·尉缭《尉缭子》。

令者，一众心也。故令之法，小过无更，小疑无申。故上无疑令，则众不二听；动无疑事，则众不二志。

语出：战国·尉缭《尉缭子》。

乘隙插足，扼其主机，渐之进也。

语出：《三十六计·反客为主》。

摧其坚，夺其魁，以解其体。龙战于野，其道穷也。

语出：《三十六计·擒贼擒王》。

借局布势，力小势大。鸿渐于陆，其羽可用为仪也。

语出：《三十六计·树上开花》。

疑中之疑，比之自内，不自失也。

语出：《三十六计·反间计》。

敌之害大，就势取利。刚决柔也。

语出：《三十六计·趁火打劫》。

疑以叩实，察而后动；复者，阴之媒也。

语出：《三十六计·打草惊蛇》。

顺以动豫，豫顺以动。

语出：《三十六计·隔岸观火》。

全师避敌，左次无咎，未失常也。

语出：《三十六计·走为上》。

小敌困之，剥，不利有攸往。

语出：《三十六计·关门捉贼》。

势必有损，损阴以益阳。

语出：《三十六计·李代桃僵》。

共敌不如分敌，敌阳不如敌阴。

语出：《三十六计·围魏救赵》。

战胜攻取之道，应物而无穷。

语出：春秋·鹖冠子《鹖冠子·天权》。

出军行师，将在自专，进退内御，则功难成。

语出：汉·黄石公《三略》。

用兵之道，示之以柔，而迎之以刚；示之以弱，而乘之以强；将欲西，而之以东。

语出：汉·刘安《淮南子·兵略训》。

五指之更弹，不若卷手之一挃；万人之更进，不如百人之俱至也。

语出：汉·刘安《淮南子·兵略训》。

令行禁止，王者之师也。

语出：汉·刘向《说苑·指武》。

先发制人，后发制于人。

语出：汉·班固《汉书·项籍传》。

战不必胜，不苟接刃；攻不必取，不苟劳众。

语出：汉·班固《汉书·赵充国传》。

及其锋而用之，可以有大功。

语出：汉·班固《汉书·高帝纪上》。

兵事上神密。

语出：汉·班固《汉书·周勃传》。

兵贵先声后实。

语出：汉·司马迁《史记·淮阴侯列传》。

善用兵者，不以短击长，而以长击短。

语出：汉·司马迁《史记·淮阴侯列传》。

十则围之，倍则战之。

语出：汉·司马迁《史记·淮阴侯列传》。

善战者不羞走。

语出：三国·魏·曹植《请招降江东表》。

攻其所必爱，出其所必趋，则使敌不得相救也。

语出：三国·魏·曹操注《孙子兵法·虚实》。

击其懈怠，出其空虚。

语出：三国·魏·曹操注《孙子兵法·计》。

用兵之道，攻心为上，攻城为下；心战为上，兵战为下。

语出：三国·蜀·诸葛亮《南征教》。

不倍兵以攻弱，不恃众以轻敌。

语出：三国·蜀·诸葛亮《将诫》。

敌欲固守，攻其无备；敌欲兴阵，出其不意。

语出：三国·蜀·诸葛亮《治军》。

以少击众，利以日暮；以众击寡，利以清晨。

语出：三国·蜀·诸葛亮《新书·使利》。

兵贵神速。

语出：晋·陈寿《三国志·魏志·郭嘉传》。

悬师深入，难以持久。

语出：晋·陈寿《三国志·魏志·曹洪传附曹纯》。

兵有奇变，不在众。

语出：南朝·宋·范晔《后汉书·皇甫嵩传》。

攻者不足，守者有余。

语出：南朝·宋·范晔《后汉书·冯异传》。

善战者，见利不失，遇时不疑，以迅雷不及掩耳，迅电不及瞑目赴之。

语出：《六韬·军势》。

善战者，不待张军；善除患者，理于未生。

语出：《六韬·军势》。

力贵突，智贵卒。

语出：北齐·刘昼《刘子·贵速》。

一夫当关，万夫莫开。

语出：唐·李白《蜀道难》。

擒贼先擒王。

语出：唐·杜甫《前出塞》。

困兽犹斗，穷寇勿遏。

语出：唐·张九龄《敕幽州节度张守珪书》。

以逸待劳，以高御下。

语出：唐·刘禹锡《为淮南杜相公论西戎表》。

猛兽不如群狐。

语出：唐·李延寿《南史·王镇恶传》。

朝谋不及夕，言发不俟驾。

语出：唐·李延寿《北史·贺拔允传附贺拔岳》。

避人之长，攻人之短，见己之所长，避己之所短。

语出：唐·李筌《太白阴经》。

先之则太过，后之则不及。

语出：唐·李筌《太白阴经》。

攻是守之机，守是攻之策，同归乎胜而已矣。

语出：唐·李靖《唐李问对》。

怨生于不均，机失于遥制。

语出：五代·张昭远等《旧唐书·陆贽传》。

受降如受敌，但须严备。

语出：五代·张昭远等《旧唐书·裴行俭传》。

兵尚拙速，不贵工迟。

语出：五代·张昭远等《旧唐书·韦挺传》。

见小利不动，见小患不避。

语出：宋·苏洵《心术》。

善攻者不尽兵以攻坚城，善守者不尽兵以守敌冲。

语出：宋·苏洵《攻守》。

攻敌所不守，守敌所不攻。

语出：宋·苏洵《攻守》。

善用兵者以形固。

语出：宋·苏洵《心术》。

敌国相观，不观于其山川之险、士马之众，相观于人而已。

语出：宋·苏洵《上皇帝书》。

知理而后可以举兵，知势而后可以加兵，知节而后可以用兵。

语出：宋·苏洵《心术》。

将战必审知其将之贤愚。与贤将战则持之，与愚将战则乘之。

语出：宋·苏洵《法制》。

善用兵者先服其心，次屈其力。

语出：宋·苏轼《乞诏边吏无进取及论鬼章事宜札子》。

在善用，不在众。

语出：宋·欧阳修等《新唐书·薛仁贵传》。

善用兵者，以少为多；不善用者，虽多愈少。

语出：宋·欧阳修《准诏言事上书》。

用兵以能聚散为上。

语出：宋·杨时《二程粹言·论政》。

善师者不陈，善陈者不战。

语出：宋·罗大经《鹤林玉露》。

讼不可长，讼长虽富家必敝；兵不可久，久之虽大国必诎。

语出：宋·何坦《西畴老人常言》。

战久则兵钝，攻久则力屈，暴师久则国用不足，此兵所以贵速也。

语出：宋·范浚《用奇》。

善用兵者，防乱于未乱，备急于未急。

语出：宋·许洞《虎钤经》。

两敌相持，所贵者机会，此胜负存亡之分也。

语出：宋·汪藻《论淮南屯田》。

知兵无常胜。

语出：宋·卢多逊等《旧五代史·梁书·刘峻等传传论》。

决胜料势，决战料情。情势已得，断在不疑。

语出：宋·卢多逊等《旧五代史·唐书·阎宝传》。

仁，信，智，勇，严，缺一不可。

语出：宋·李焘《岳飞》。

久则顿兵挫锐。

语出：宋·李昉等《太平御览·兵部·务速》。

用兵之道，抚士贵诚，制敌贵诈。

语出：宋·司马光《资治通鉴·唐纪》。

善战者不怒，善胜者不武。

语出：元·王恽《从谏》。

军来将敌，水来土堰。

语出：元·郑廷玉《楚昭公》。

运用之妙，存乎一心。

语出：元·欧阳玄等《宋史·岳飞传》。

善用兵者，使人无所顾，有所恃。

语出：元·欧阳玄等《宋史·苏洵传》。

解围之法，当攻其所必救。

语出：元·欧阳玄等《宋史·姚兕传》。

力则力取，智则智取。

语出：元·施耐庵《水浒传》。

兵法之所忌者，莫难于用众。

语出：元·胡祇遹《论时事》。

善攻者，敌不知其所守也；善守者，敌不知其所攻也。

语出：明·归有光《乞致仕书》。

宁速毋久，宁拙毋巧，但能速胜，虽拙可也。

语出：明·李贽《孙子参同》。

进取不锐，则守御不坚。

语出：明·史可法《请进取疏》。

百里趋利，兵家所忌。

语出：明·徐渭《谏王将军》。

善战者省敌，不善战者益敌。

语出：明·刘基《郁离子·省敌》。

知己知彼，可款可战；匪证奚方，孰医瞑眩。

语出：清·魏源《述夷情备采》。

胜无定在，制胜在人，援不可恃，守不可恒。凡破军禽敌之道，先在自治。

语出：清·魏源《城守篇·制胜上》。

爱民篇

以贵下贱，大得民也。

语出：《易经·屯·象辞》。

民亦劳止，汔可小康。

语出：《诗经·大雅·民劳》。

人之云亡，邦国殄瘁。

语出：《诗经·大雅·瞻卬》。

庶民攻之，不日成之。

语出：《诗经·大雅·灵台》。

凡民有丧，匍匐救之。

语出：《诗经·邶风·谷风》。

百姓足，君孰与不足？百姓不足，君孰与足？

语出：《论语·颜渊》。

自古皆有死，民无信不立。

出：《论语·颜渊》。

节用而爱人，使民以时。

语出：《论语·学而》。

小人溺于水，君子溺于口，大人溺于民。

语出：《礼记·缁衣》。

得众则得国，失众则失国。

语出：《礼记·大学》。

民之所好好之，民之所恶恶之。

语出：《礼记·大学》。

好人之所恶，恶人之所好，是谓拂人之性，灾必逮夫身。

语出：《礼记·大学》。

夫民，不难聚也，爱之则亲；利之则至；誉之则劝；致其所恶则散。

语出：《庄子·徐无鬼》。

农夫无草莱之事则不比，商贾无市井之事则不比，庶人有旦暮之业则劝，百工有器械之巧则壮。

语出：《庄子·徐无鬼》。

知者之为，故动以百姓，不违其度。

语出：《庄子·盗跖》。

古之君人者，以得为在民，以失为在己；以正为在民，以枉为在己。

语出：《庄子·则阳》。

天之生民，非为君也；天之立君，以为民也。

语出：《荀子·大略》。

得众动天，美意延年。

语出：《荀子·致士》。

无土则人不安居，无人则土不守，无道法则人不至，无君子则道不举。

语出：《荀子·致士》。

善生养人者也，善班治人者也，善显设人者也，善藩饰人者也。

语出：《荀子·君道》。

民不亲不爱，而求其为己用，为己死，不可得也。

语出：《荀子·君道》。

有社稷者而不能爱民，不能利民，而求民之亲爱己，不可得也。

语出：《荀子·君道》。

道存则国存，道亡则国亡。

语出：《荀子·君道》。

有乱君，无乱国。

语出：《荀子·君道》。

政令制度，所以接下之人。百姓有不理者如毫末，则虽孤独鳏寡必不加焉。

语出：《荀子·王霸》。

上之于下，如保赤子。

语出：《荀子·王霸》。

以小人尚民而威，以非所取于民而巧，是伤国之大灾也。

语出：《荀子·王霸》。

用国者，得百姓之力者富，得百姓之死者强，得百姓之誉者荣。

语出：《荀子·王霸》。

君人者，欲安，则莫若平政爱民矣；欲荣，则莫若隆礼敬士矣；欲立功名，则莫若尚贤使能矣；是君人者之大节也。

语出：《荀子·王制》。

庶人安政，然后君子安位。

语出：《荀子·王制》。

王者富民，霸者富士，仅存之国富大夫。

语出：《荀子·王制》。

马骇舆，则君子不安舆；庶人骇政，则君子不安位。马骇舆，则莫若静之；庶人骇政，则莫若惠之。

语出：《荀子·王制》。

利而后利之，不如利而不利者之利也。爱而后用之，不如爱而不用者之功也。

语出：《荀子·富国》。

得之则治，失之则乱。

语出：《荀子·富国》。

仁人在上，百姓贵之如帝，亲之如父母，为之出死断亡而愉者，无它故焉，其所是焉诚美，其所得焉诚大，其所利焉诚多也。

语出：《荀子·富国》。

使民夏不中暑，冬不冻寒，急不伤力，缓不后时，事成功立，上下俱富。

语出：《荀子·富国》。

垂事养誉，不可；以遂功而忘民，亦不可：皆奸道也。

语出：《荀子·富国》。

下贫则上贫，下富则上富。

语出：《荀子·富国》。

无爱人之心，无利人之事，而日为乱人之道，百姓讙敖，则从而执缚之，刑灼之，不和人心，如是，下比周贲溃以离上矣，倾覆灭亡，可立而待也。

语出：《荀子·强国》。

国治则民安，事乱则邦危。

语出：《韩非子·制分》。

民不信其相，下不能其上，主爱信之，而弗能废者，可亡也。

语出：《韩非子·亡征》。

人君无道，则内暴虐其民，而外侵欺其邻国。内暴虐，则民产绝；外侵欺，则兵数起。民产绝，则畜生少；兵数起，则士卒尽。

语出：《韩非子·解老》。

有道之君，外无仇怨于邻敌，而内有德泽于人民。

语出：《韩非子·解老》。

苦民以富贵，起势以借人臣，非天下长利也。

语出：《韩非子·备内》。

与民偕乐，故能乐也。

语出：《孟子·梁惠王上》。

乐民之乐者，民亦乐其乐；忧民之忧者，民亦忧其忧。

语出：《孟子·梁惠王下》。

保民而王，莫之能御也。

语出：《孟子·梁惠王上》。

民为贵，社稷次之，君为轻。

语出：《孟子·尽心下》。

宝珠玉者，殃必及身。

语出：《孟子·尽心下》。

所欲与之聚之，所恶勿施尔也。

语出：《孟子·离娄上》。

文王视民如伤，望道而未之见。

语出：《孟子·离娄上》。

得其民，斯得天下矣。

语出：《孟子·离娄上》。

太上，不知有之；其次，亲之誉之；其次，畏之；其次，侮之。信不足，有不信。

语出：《老子》。

其欲先民也，必以其身后之。

语出：《老子》。

无狭其所居，无厌其所生。

语出：《老子》。

圣人无常心，以百姓心为心。

语出：《老子》。

民之轻死，以其上求生生之厚也，是以轻死。

语出：《老子》。

凡治国之道，必先富民。

语出：《管子·治国》。

王者藏于民，霸者藏于大夫，残国亡家藏于箧。

语出：《管子·山至数》。

政之所兴，在顺民心；政之所废，在逆民心。

语出：《管子·牧民》。

得人者，卑而不可胜。

语出：《管子·侈靡》。

有过而反之身则身惧，有善而归之民则民喜。

语出：《管子·小称》。

民有三患：饥者不得食，寒者不得衣，劳者不得息。

语出：《墨子·非乐上》。

为天下者不慢其民。

语出：战国·慎到《慎子》。

因民之所善以劝善，因民之所憎以禁奸。

语出：《文子》。

众之所助，虽弱必强；众之所去，虽大必亡。

语出：《文子》。

治国有常，利民为本。

语出：《文子》。

民为邦本，本固邦宁。

语出：《尚书·五子之歌》。

天视自我民视，天听自我民听。

语出：《尚书·泰誓中》。

民生厚而德正。

语出：《左传·成公十六年》。

国将兴，听于民；将亡，听于神。

语出：《左传·庄公三十二年》。

民之有口也，犹土之有山川也，财用于是乎出；犹其有原隰衍沃也，衣食于是乎生。

语出：《国语·周语上》。

民可近也，而不可上也。

语出：《国语·周语上》。

节欲则民富，中听则民安。

语出：《晏子春秋·问下》。

能爱邦内之民者，能服境外之不善。

语出：《晏子春秋·内篇问上》。

道在为人，而失在为己。

语出：《晏子春秋·内篇问上》。

义，谋之法也；民，事之本也。

语出：《晏子春秋·内篇问上》。

谋度于义者必得，事因于民者必成。

语出：《晏子春秋·内篇问上》。

善为国者，顺民之意。

语出：《战国策·齐策》。

明德在于论贱，行政在于信贵。

语出：《战国策·赵策》。

自古至于今，与民为仇者，有迟有速，民必胜之。

语出：汉·贾谊《新书·大政上》。

政莫高于博利人。

语出：汉·贾谊《新书·修政语上》。

凡居上位者，简士苦民者，是谓愚。

语出：汉·贾谊《新书·大政上》。

君子之贵也，士民贵之，故谓之贵也。

语出：汉·贾谊《新书·大政上》。

民者至贱而不可简也，至愚不可欺也。

语出：汉·贾谊《新书·大政上》。

王者有易政而无易国，有易吏而无易民。

语出：汉·贾谊《新书·大政下》。

国以民为兴坏。

语出：汉·贾谊《新书·大政上》。

为治者不待自善之民，为轮者不待自曲之木。

语出：汉·桓宽《盐铁论·大论》。

罢马不畏鞭箠，罢民不畏刑罚。

语出：汉·桓宽《盐铁论·诏圣》。

民悫则财用足，民侈则饥寒生。

语出：汉·桓宽《盐铁论·本议》。

善为国者，爱民如父母之爱子、兄之爱弟。

语出：汉·刘向《说苑·政理》。

板筑以时，无夺农功。

语出：汉·刘向《说苑·建本》。

富之，既富乃教之也，此治国之本也。

语出：汉·刘向《说苑·建本》。

为治之本，务在宁民。宁民之本，在于足用。足用之本，在于勿夺时。

语出：汉·刘安《淮南子·泰族训》。

肥酿甘脆，非不美也，然民有糟糠菽粟不接于口者，则民主弗甘也。

语出：汉·刘安《淮南子·主术训》。

为国者以富民为本，以正学为基。

语出：汉·王符《潜夫论·务本》。

爱民如身。

语出：汉·荀悦《申鉴·杂言上》。

足寒伤心，民寒伤国。

语出：汉·荀悦《申鉴·政体》。

不疑而天下自信。

语出：汉·马融《忠经·广至理章》。

苟民志之不谅，何云岩险与襟带?

语出：汉·张衡《东京赋》。

得人者兴，失人者崩。

语出：汉·司马迁《史记·商君列传》。

王者以民为天。

语出：汉·班固《汉书·郦食其传》。

善政者恤民之患，除民之害也。

语出：三国·魏·桓范《政要论·兵要》。

夫君者舟也，庶人者水也。水所以载舟，亦所以覆舟。

语出：三国·魏·王肃《孔子家语·五仪解》。

政之急者，莫大乎使民富且寿也。

语出：三国·魏·王肃《孔子家语·贤君》。

地有而民不足，君子耻之。

语出：三国·魏·王肃《孔子家语·好生》。

帝王之道，莫尚乎安民。安民之术，在于丰财。

语出：晋·陈寿《三国志·魏志·杜恕传》。

民者，国之根也，诚宜重其食，爱其命。

语出：晋·陈寿《三国志·吴书·陆凯传》。

民安则君安，民乐则君乐。

语出：晋·陈寿《三国志·吴书·陆凯传》。

夫济大事必以人为本。

语出：晋·陈寿《三国志·蜀书·先主传》。

财须民生，强赖民力，威恃民势，福由民殖，德俟民茂，
义以民行。

语出：晋·陈寿《三国志·吴书·骆统传》。

国之有民，犹水之有舟，停则以安，扰则以危。

语出：晋·陈寿《三国志·吴书·骆统传》。

有为之君，不敢失万民之欢心。

语出：晋·陈寿《三国志·魏书·袁绍传》。

为国者以民为基。

语出：晋·陈寿《三国志·魏书·华歆传》。

君非民不立。

语出：晋·陈寿《三国志·吴书·吴主权传》。

为国者，得民则治，失之则乱。

语出：晋·陈寿《三国志·吴书·陆逊传》。

国之兴也，视民如赤子；其亡也，以民为草芥。

语出：晋·陈寿《三国志·吴志·贺劭传》。

安上在于悦下，为己在乎利人。

语出：晋·陆机《五等诸侯论》。

速亡趣乱，不必一道；颠沛之衅，实由孤立。

语出：晋·陆机《五等诸侯论》。

有德之君，以所乐乐人；无德之君，以所乐乐身。

语出：南朝·宋·范晔《后汉书·臧宫传》。

人所归者天所与，人所畔者天所去。

语出：南朝·宋·范晔《后汉书·申屠刚传》。

人不畏死，不可惧以罪；人不乐生，不可劝以善。

语出：南朝·宋·范晔《后汉书·荀淑传附荀悦》。

不务先富民，而唯言益国，岂有民贫于下，而国富于上邪？

语出：南朝·梁·萧子显《南齐书·武十七王传》。

民之多怨，非国福矣。

语出：南朝·梁·萧子显《南齐书·武十七王传》。

民心无常，惟惠之怀。

语出：南朝·梁·萧子显《南齐书·高帝本纪》。

千金可失，贵在人心。

语出：南朝·梁·萧子显《南齐书·到㧑刘悛虞悰胡谐之传论》。

天下之务，当与天下共之，岂一人之智所能独了！

语出：南朝·梁·沈约《宋书·颜延之传》。

视民如伤，奚为不终?

语出：隋·王通《文中子中说·事君》。

不以天下易一民之命。

语出：隋·王通《文中子中说·天地》。

民存则社稷存，人亡则社稷亡。

语出：唐·魏徵《群书治要·申鉴》。

国以民为根，民以谷为命。

语出：唐·魏徵《群书治要·政论》。

将有作，则思知止以安人。

语出：唐·魏徵《谏太宗十思疏》。

求木之长者，必固其根本；欲流之远者，必浚其泉源；思国之安者，必积其德义。

语出：唐·魏徵《论时政疏·第二疏》。

源不深而望流之远，根不固而求木之长，德不厚而望国之治，虽在下愚知其不可，而况于明哲乎。

语出：唐·魏徵《论时政疏·第二疏》。

处台榭，则欲民有栋宇之安；食膏粱，则欲民无饥寒之患；顾嫔御，则欲民有室家之欢。此人主之常道也。

语出：唐·魏徵《谏止聘充华疏》。

民不畏死，不可惧以罪。

语出：唐·魏徵《群书治要·申鉴》。

百姓安乐，便是甲仗。

语出：唐·吴兢《贞观政要·仁义》。

以欲从人者昌，以人乐己者亡。

语出：唐·吴兢《贞观政要·俭约》。

为君之道，必须先存百姓。若损百姓以奉其身，犹割股以啖腹，腹饱而身毙。

语出：唐·吴兢《贞观政要·君道》。

有道之主，以百姓之心为心。

语出：唐·吴兢《贞观政要·直谏》。

善防川者，决之使导；善理人者，宜之使言。

语出：唐·白居易《策林六十九》。

三皇之为君也，无常心，以天下心为心；五帝之为君也，
无常欲，以百姓欲为欲。

语出：唐·白居易《策林一·不劳而理》。

邦之兴，由得人也；邦之亡，由失人也。

语出：唐·白居易《策林一·辨兴亡之由》。

凡吏于土者，若知其职乎？盖民之役，非以役民而已也。

语出：唐·柳宗元《送薛存义之任序》。

欲安时兴化，不先富而教之，其道无由。

语出：唐·房玄龄《晋书·石苞传》。

善藏者，藏于百姓。

语出：唐·房玄龄《晋书·慕容皝载记》。

人心所归，惟道与义。

语出：唐·房玄龄《晋书·熊远传》。

舜之居民上，矜矜如履薄冰；禹之居民上，栗栗如恐不满；汤之居民上，翼翼乎惧不敢息。

语出：唐·欧阳询《艺文类聚·人部七·鉴戒》。

期当作说霖，天下同滂沱。

语出：唐·欧阳詹《益昌行》。

邑有流亡愧俸钱。

语出：唐·韦应物《寄李儋元锡》。

帝王岂有常乎？相扶即是。

语出：唐·李延寿《北史·宇文贵传附宇文忻》。

人为国本，食为人命。

语出：唐·李延寿《南史·郭祖深传》。

得人者昌，失人者亡。

语出：唐·李观《项籍碑铭序》。

他年我若为青帝，报与桃花一处开。

语出：唐·黄巢《题菊花》。

圣人不利己，忧济在元元。

语出：唐·陈子昂《感遇三十八首》。

衣暖而忘百姓之寒，食美而忘百姓之饥，非人也。

语出：唐·马总《意林》。

农人不饥，而天下肥；蚕妇不寒，而天下安。

语出：唐·刘轲《农夫祷》。

兵兴则户减，户减则地荒，地荒则赋重，赋重则人贫。

语出：唐·元稹《才识兼茂明于体用策一道》。

菽粟稻粱，饥馑足以充口；布帛丝纩，寒暑足以蔽形。生灵所资，莫比为急。

语出：唐·颜师古《策贤良问五道》。

时人不识农家苦，将谓田中谷自生。

语出：唐·颜仁郁《农家》。

结得百家怨，此身终受殃。

语出：《全唐诗续补遗》。

地广非常安之术，人劳乃易乱之源。

语出：五代·张昭远等《旧唐书·后妃传上》。

古之善政者，贵于足食；欲求富国者，必先利人。

语出：五代·张昭远等《旧唐书·韦坚传》。

怨不在大，可畏惟人。载舟覆舟，所宜深慎。

语出：五代·张昭远等《旧唐书·魏徵传》

救人瘼者，以重敛为病源；料兵食者，以惠农为军政。

语出：宋·卢多逊等《旧五代史·唐书·李琪传》。

苟利于民，与资国何异？

语出：宋·卢多逊等《旧五代史·周书·太祖纪》。

顺一人之颜情，为兆民之深患。

语出：宋·司马光《资治通鉴·唐纪》。

人心不摇，邦本自固。

语出：宋·司马光《资治通鉴·唐纪》。

汝知稼穑之艰难，则常有斯饭矣。

语出：宋·司马光《资治通鉴·唐纪》。

非信无以使民，非民无以守国。

语出：宋·司马光《资治通鉴·周纪二·显王十年》。

自古天下离合之势，常系民心。

语出：宋·辛弃疾《美芹十论·观衅》。

服民之心，必得其情。

语出：宋·苏洵《申法》。

失民而得财，明者不为。

语出：宋·苏轼《上文侍中论榷盐书》。

上不尽利，则民有以为生。

语出：宋·苏轼《论河北京东盗贼状》。

力可以得天下，不可以得匹夫匹妇之心。

语出：宋·苏轼《潮州韩文公庙碑》。

人主之所恃者，人心而已。

语出：宋·苏轼《上神宗皇帝书》。

人心之于人主也，如木之有根，如灯之有膏，如鱼之有水，如农夫之有田，如商贾之有财。

语出：宋·苏轼《上神宗皇帝书》。

众而不可欺者，民也。

语出：宋·苏辙《陈州为张安道论时事书》。

因时施宜，无害于民。

语出：宋·苏辙《论衙前及诸役人不便札子》。

去民之患，如除腹心之疾。

语出：宋·苏辙《上皇帝书》。

凡克己以济民，皆力行而不悔。

语出：宋·苏辙《吕大防等乞御正殿复常膳不许不允批答》。

违众举事，又不审计而轻发，其百举百失而及于祸败。

语出：宋·欧阳修《为君难论上》。

家给人足，天下大治。

语出：宋·王安石《上皇帝万言书》。

民无隐情，治有异迹。

语出：宋·王安石《答戚郎中启》。

国以民为本，社稷亦为民而立。

语出：宋·朱熹《四书集注·孟子》。

不求不争于民，而民知逊；不求不贪于民，而民知廉。

语出：宋·杨万里《见执政书》。

国之命，如人之命。人之命在元气，国之命在人心。

语出：宋·杨万里《壬辰轮第一札子》。

民为邦本，本固邦宁。

语出：宋·王十朋《轮对札子三首》。

有田则有民，有民则有兵。

语出：宋·杨时《二程粹言·论政》。

善为政者，必重民力。

语出：宋·杨时《二程粹言·论政》。

得民之劳者昌，得民之忧者康，得民之死者强。

语出：宋·崔敦礼《刍言》。

舜之民，十人而九履者也；秦之民，十人而九跣者也。

语出：宋·崔敦礼《刍言》。

夫民，国之基也。五仞之墙，所以不毁，基厚也；所以
毁，基薄也。

语出：宋·宋祁《杂说》。

民为邦本，未有本摇而枝叶不动者。

语出：宋·苏舜钦《诣匦疏》。

矜孤养老，邦家之大政。

语出：宋·苏舜钦《论五事》。

勿谓人多诈，须教吏不欺。

语出：宋·王禹偁《送毋殿丞赴任齐州》。

君之不能忘民，只是一时不忘，亦不是至善。

语出：宋·黎靖德《朱子语类》。

天下之乱，未有不由民不足也。

语出：宋·王开祖《儒志编》。

国以民为本，民以财为命。取之过多，予者亦怨。

语出：宋·林季仲《论军费札子》。

用天下之心为己之心，其心无所不谋矣。

语出：宋·邵雍《渔樵对问》。

国命在乎民，民命在乎食。

语出：宋·邵雍《秋怀三十六首》。

费千金为一瞬之乐，孰若散而活冻馁几千百人。

语出：宋·林逋《省心录》。

能用天下之目为己之目，其目无所不观矣。

语出：宋·邵雍《渔樵对问》。

百姓之有此色，正缘士大夫不知此味。

语出：宋·罗大经《鹤林玉露·论菜》。

但得众生皆得饱，不辞羸病卧残阳。

语出：宋·李纲《病牛》。

养民惟恐不足，此世之所以治安也；取民惟恐不足，此世
之所以败亡也。

语出：宋·胡宏《知言》。

王者所以得天下者，以得民也。得民者，以得其心也。

语出：宋·汪藻《奏论诸将无功状》。

轻徭薄赋，以宽民力。

语出：宋·方勺《清溪寇轨》。

财利于事为轻，而民心得失为重。

语出：元·欧阳玄等《宋史·赵抃传》。

与其得罪于百姓，宁得罪于上官。

语出：元·欧阳玄等《宋史·吴芾传》。

得土地易，得人心难。

语出：元·欧阳玄等《宋史·杨简传》。

民陷水火，如己陷水火。

语出：元·张养浩《牧民忠告》。

兴，百姓苦；亡，百姓苦。

语出：元·张养浩《山坡羊·潼关怀古》。

稽迟害民，甚于违错。

语出：元·胡祗通《官吏稽迟情弊》。

治道非一端，而其要必以食为先。

语出：元·蒲道源《策问·国学策问》。

人之乱也，由夺其食；人之危也，由竭其力。

语出：元·邓牧《伯牙琴·吏道》。

柔软莫过溪涧水，流到了不平地上也高声。

语出：元·佚名《陈州粜米》。

驭天下者察民情，此安危之机也。

语出：明·吕坤《呻吟语·御民》。

天下之安而后乐。

语出：明·吕坤《呻吟语·居官》。

获饱暖之休，思作者之劳；享尊荣之乐，思供者之苦。

语出：明·吕坤《呻吟语·应事》。

民贫盗起，严刑峻法莫禁也。

语出：明·吕坤《呻吟语·治道》。

居大位，不能安济天下，又不能引退，久妨贤路，宁不愧
于心乎?

语出：明·刘元卿《贤奕编·德器》。

法无古今，便民者为良法；论无当否，利民者为至论。

语出：明·章懋《枫山语录·拾遗》。

天下顺治在民富，天下和静在民乐，天下兴行在民趋于正。

语出：明·王廷相《慎言·御民篇》。

将兴之主，唯恐人之无言；将亡之主，唯恐人之有言。

语出：明·方孝孺《杂著·娄敬》。

天下之治乱，不在一姓之兴亡，而在万民之忧乐。

语出：清·黄宗羲《明夷待访录·原臣》。

落红不是无情物，化作春泥更护花。

语出：清·龚自珍《己亥杂诗》。

不忧一家寒，所忧四海饥。

语出：清·魏源《偶然吟》。

欲固民心，先厚民力。

语出：清·赵尔巽等《清史稿·锡良传》。

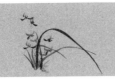

安邦篇

治世之音安以乐，其政和；乱世之音怨以怒，其政乖；亡国之音哀以思，其民困。

语出：《诗经·周南·关雎序》。

明明在下，赫赫在上。

语出：《诗经·大雅·大明》。

天下者，唯有道者理之。

语出：《逸周书·殷祝》。

君子安而不忘危，存而不忘亡，治而不忘乱。是以身安而国家可保也。

语出：《易经·系辞下》。

近者说，远者来。

语出：《论语·子路》。

天下有道，则庶人不议。

语出：《论语·季氏》。

治国不以礼，犹无耜而耕也。

语出：《礼记·礼运》。

一张一弛，文武之道。

语出：《礼记·杂记下》。

惟命不于常，通善则得之，不善则失之。

语出：《礼记·大学》。

君者，论一相，陈一法，明一指，以兼覆之，兼炤之，以观其盛者也。

语出：《荀子·王霸》。

人主天下之利势也，然而不能自安也，安之者必将道也。

语出：《荀子·王霸》。

主好要，则百事详；主好详，则百事荒。

语出：《荀子·王霸》。

明君者，必将先治其国，然后百乐得其中。暗君者，必将急逐乐而缓治国，故忧患不可胜校也，必至于身死国亡然后止也。

语出：《荀子·王霸》。

国者，重任也，不以积持之则不立。

语出：《荀子·王霸》。

用国者，义立而王，信立而霸，权谋立而亡。

语出：《荀子·王霸》。

国危则无乐君，国安则无忧民。

语出：《荀子·王霸》。

国无礼则不正。

语出：《荀子·王霸》。

所闻所见，诚以齐矣，则虽幽闲隐僻，百姓莫敢不敬分安制以化其上。

语出：《荀子·王霸》。

百乐者，生于治国者也；忧患者，生于乱国者也。

语出：《荀子·王霸》。

乱则国危，治则国安。

语出：《荀子·王霸》。

道存则国存，道亡则国亡。

语出：《荀子·君道》。

从道不从君。

语出：《荀子·君道》。

以族论罪，以世举贤。虽欲无乱，得乎哉？

语出：《荀子·君道》。

治则衍及百姓，乱则不足及王公。

语出：《荀子·君道》。

令行禁止，王者之事毕矣。

语出：《荀子·王制》。

佚而治，约而详，不烦而功，治之至也。
语出：《荀子·强国》。

善日者王，善时者霸，补漏者危，大荒者亡。
出：《荀子·强国》。

观国之治乱臧否，至于疆易而端已见矣。
语出：《荀子·富国》。

亡国至亡而知亡，至死而后知死。
语出：《荀子·强国》。

征暴诛悍，治之盛也。
语出：《荀子·正论》。

国将兴，必贵师而重傅；国将衰，必贱师而轻傅。
语出：《荀子·大略》。

水行者表深，使人无陷；治民者表乱，使人无失。
语出：《荀子·大略》。

天地合而万物生，阴阳接而变化起，性伪合而天下治。

语出：《荀子·礼论》。

治者强，乱者弱，是强弱之本也。

语出：《荀子·议兵》。

好士者强，不好士者弱；爱民者强，不爱民者弱；政令信者强，政令不信者弱；民齐者强，民不齐者弱；赏重者强，赏轻者弱；刑威者强，刑侮者弱；械用兵革攻完便利者强，械用兵革窳楛不便利者弱；重用兵者强，轻用兵者弱；权出一者强，权出二者弱；是强弱之常也。

语出：《荀子·议兵》。

川渊枯，则鱼龙去之；出林险，则鸟兽去之。国家失政，则士民去之。

语出：《荀子·致士》。

私仇不入公门。

语出：《韩非子·外储说左下》。

主贤明，则悉心以事之；不肖，则饰奸而试之。

语出：《韩非子·外储说左下》。

人主以一国目视，故视莫明焉；以一国而听，故听莫聪焉。

语出：《韩非子·定法》。

圣人之所以为治道者三：一曰"利"，二曰"威"，三曰"名"。夫利者，所以得民也；威者，所以行令也；名者，上下之所同道也。

语出：《韩非子·诡使》。

人主虽贤，不能独计，而人臣有不敢忠主，则国为亡国矣。

语出：《韩非子·三守》。

人主之大物，非法则术也。法者，编著之图籍，设之于官府，而布之于百姓也。术者，藏之于胸中，以偶众端，而潜御群臣者也。故法莫如显，而术不欲见。

语出：《韩非子·难三》。

安危在是非，不在于强弱；存亡在虚实，不在于众寡。

语出：《韩非子·安危》。

危道有六：一曰斫削于绳之内，二曰断割于法之外，三曰利人之所害，四曰乐人之所祸，五曰危人之所安，六曰所爱不亲，所恶不疏。

语出：《韩非子·安危》。

安术有七：一曰赏罚随是非，二曰祸福随善恶，三曰死生随法度，四曰有贤不肖而无爱恶，五曰有愚智而无非誉，六曰有尺寸而无意度，七曰有信而无诈。

语出：《韩非子·安危》。

为政犹沐也，虽有弃发，必为之。

语出：《韩非子·六反》。

夫人主不塞隙穴，而劳力于赭垩，暴风疾雨必坏。

语出：《韩非子·用人》。

事因于世，而备适于事。

语出：《韩非子·五蠹》。

不期修古，不法常可。

语出：《韩非子·五蠹》。

舍必不亡之术而道必灭之事，治国者之过也。智困于外，而政乱于内，则亡不可振也。

语出：《韩非子·五蠹》。

一家二贵，事乃无功。

语出：《韩非子·扬权》。

事在四方，要在中央。圣人执要，四方来效。

语出：《韩非子·扬权》。

腓大于股，难于趣走。

语出：《韩非子·扬权》。

至治之国，君若桴，臣若鼓。

语出：《韩非子·功名》。

故吏者，民之本纲者，故圣人治吏不治民。

语出：《韩非子·外储说右下》。

国之利器，不可以示人。

语出：《韩非子·内储说下》。

主之所用也，七术；所察也，六微。七术：一曰众端参观，二曰必罚明威，三曰信赏尽能，四曰一听则下，五曰疑诏诡使，六曰挟知而问，七曰倒言反事。此七者，人主之所用也。

语出：《韩非子·内储说下》。

六微：一曰权借在下，二曰利异外借，三曰托于似类，四曰利害有反，五曰参疑内争，六曰敌国废置。

语出：《韩非子·内储说下》。

官职可以重求，爵禄可以货得者，可亡也。

语出：《韩非子·亡征》。

简法禁而务谋虑，荒封内而恃外援者，可亡也。

语出：《韩非子·亡征》。

国小而家大，权轻而臣重者，可亡也。

语出：《韩非子·亡征》。

贵人相妒，大臣隆盛，外借敌国，内困百姓，以攻怨仇，而人主弗诛者，可亡也。

语出：《韩非子·亡征》。

大心而无悔，国乱而自多，不料境内之资，而易其邻敌者，可亡也。

语出：《韩非子·亡征》。

上明主法，下困奸臣，以尊主安国者也。

语出：《韩非子·奸劫弑臣》。

大勇愿，巨盗贞，则天下公平，而齐民之情正矣。

语出：《韩非子·守道》。

古之善守者，以其所重，禁其所轻；以其所难，止其所易。

语出：《韩非子·守道》。

糟糠不饱者，不务粱肉；短褐不完者，不待文秀。

语出：《韩非子·五蠹》。

与死人同病者，不可生也；与亡国同事者，不可存也。

语出：《韩非子·孤愤》。

治民者，禁奸于未萌。

语出：《韩非子·心度》。

十过：一曰行小忠，则大忠之贼也。二曰顾小利，则大利之残也。三曰行僻自用，无礼诸侯，则亡身之至也。四曰不务听治，而好五音，则穷身之事也。五曰贪愎喜利，则灭国杀身之本也。六曰耽于女乐，不顾国政，则亡国之祸也。七曰离内远游，而忽于谏士，则危身之道也。八曰过而不听于忠臣，而独行其意，则灭高名为人笑之始也。九曰内不量力，外恃诸侯，则削国之患也。十曰国小无礼，不用谏臣，则绝世之势也。

语出：《韩非子·十过》。

摇镜则不得为明，摇衡则不得为正。

语出：《韩非子·饰邪》。

利莫长于简，福莫久于安。

语出：《韩非子·大体》。

易其田畴，薄其税敛，民可使富也。食之以时，用之以礼，财不可胜用也。

语出：《孟子·尽心上》。

不信仁贤，则国空虚。无礼义，则上下乱。无政事，则财用不足。

语出：《孟子·尽心下》。

夫仁政，必自经界始。经界不正，井地不均，谷禄不平，是故暴君污吏必慢其经界。经界既正，分田制禄可坐而定也。

语出：《孟子·滕文公上》。

今国家闲暇，及是时，般乐怠敖，是自求祸也。

语出：《孟子·公孙丑上》。

以力假仁者霸，霸必有大国；以德行仁者王，王不待大。汤以七十里，文王以百里。以力服人者，非心服也，力不赡也；以德服人者，中心悦而诚服也，如七十子之服孔子也。

语出：《孟子·公孙丑上》。

国必自伐，然后人伐之。

语出：《孟子·离娄上》。

王如施仁政于民，省刑罚，薄税敛，深耕易耨，壮者以暇日修其孝悌忠信，入以事其父兄，出以事其长上，可使制梃以挞秦楚之坚甲利兵矣。

语出：《孟子·梁惠王上》。

春省耕而补不足，秋省敛而助不给。人其疆，土地辟，田野治，养老尊贤，俊杰在位，则有庆，庆以地。

语出：《孟子·告子下》。

王者之政，使民怯于私斗，而勇于寇战。

语出：《商君书·战法》。

善治者，使跖可信……不能治者，使伯夷可疑。

语出：《商君书·画策》。

君尊则令行，官修则有常事。

语出：《商君书·君臣》。

以日治者王，以夜治者强，宿治者削。

语出：《商君书·去强》。

凡将立国，制度不可不察也，治法不可不慎也，国务不可不谨也，事本不可不专也。

语出：《商君书·一言》。

得势之主，不参官而洁，陈数而物当。

语出：《商君书·禁使》。

治世不一道，便国不必法古。

语出：《商君书·更法》。

民不可与虑始，而可与乐成。

语出：《商君书·更法》。

国之所以治者三：一曰法，二曰信，三曰权。

语出：《商君书·修权》。

利天下之民者，莫大于治。

语出：《商君书·开塞》。

蠹众而木折，隙大而墙坏。

语出：《商君书·修权》。

治之于其治则治，治之于其乱则乱。

语出：《商君书·说民》。

以良民治，必乱至削；以奸民治，必治至强。

语出：《商君书·说民》。

善为国者，仓廪虽满不偷于农，国大民众不淫于言，则民朴一。

语出：《商君书·农战第三》。

爱以身为天下，如可以托天下矣。

语出：《老子》。

有国之母，可以长久。

语出：《老子》。

以道莅天下，其鬼不神。

语出：《老子》。

故大国以下小国，则取小国；小国以下大国，则取大国。

语出：《老子》。

以智治国，国之贼；不以智治国，国之福。

语出：《老子》。

其安易持，其未兆易谋，其脆易泮，其微易散。为之于未有，治之于未乱。

语出：《老子》。

五官殊职，君不私，故国治。

语出：《庄子·则阳》。

为政焉勿卤莽，治民焉勿灭裂。

语出：《庄子·则阳》。

使人乃以心服，而不敢蘁，立定天下之定。

语出：《庄子·寓言》。

官施而不失其宜，拔举而不失其能，毕见其情事而行其所为，行言自为而天下化。手挠顾指，四方之民莫不俱至，此之谓圣治。

语出：《庄子·天地》。

贤良之士众，则国家之治厚；贤良之士寡，则国家之治薄。

语出：《墨子·尚贤上》。

兴天下之利，除天下之害。

语出：《墨子·兼爱下》。

利人乎即为，不利人乎即止。

语出：《墨子·非乐上》。

安危治乱，存乎上之为政也。岂可谓有命哉。

语出：《墨子·非命下》。

桀之所乱，汤受而治之；纣之所乱，武王受而治之。此世
未易，民未渝，岂可谓有命哉？

语出：《墨子·非命上》。

否远在修近，闭祸在除怨。

语出：《管子·版法》。

理乱在上也。

语出：《管子·霸言》。

国大而政小者，国从其政；国小而政大，国益大。

语出：《管子·霸言》。

争天下者，必先争人。明大数者得人，审小计者失人。

语出：《管子·霸言》。

才能之人去亡，则宜有外难；群臣朋党，则宜有内乱。

语出：《管子·参患》。

治国常富，而乱国必贫。

语出：《管子·治国》。

以众击寡，以治击乱，以富击贫，以能击不能。

语出：《管子·七法》。

微邪不禁，而求大邪之无伤国，不可得也。

语出语出：《管子·权修》。

不偷取一世，则民无怨心。

语出：《管子·牧民》。

利莫大于治，害莫大于乱。

语出：《管子·正世》。

入州里，观习俗，而治乱之国可知也。

语出：《管子·入观》。

诋巨者可与远举，顾忧者可与致道。

语出：《管子·形势》。

不量人力，令于人之所不能为，故其令废；使于人之所不能为，故其事败。

语出：《管子·形势》。

乱国之俗，甚多流言。

语出：战国·吕不韦等《吕氏春秋·离谓》。

亡国之主一贯。

语出：战国·吕不韦等《吕氏春秋·过理》。

去其害之者，故所欲必得，所恶必除，此功名之所以立也。

语出：战国·吕不韦等《吕氏春秋·博志》。

一国尽乱，无有安家；一家皆乱，无有安身；故小之定也，必恃大；大之安也，必恃小。

语出：战国·吕不韦等《吕氏春秋·喻大》。

治乱存亡，其始若秋毫。察其秋毫，则大物不过矣。

语出：战国·吕不韦等《吕氏春秋·察微》。

凡国之亡也，有道者必先去。

语出：战国·吕不韦等《吕氏春秋·先识》。

大匠不斫，大勇不斗。

语出：战国·吕不韦等《吕氏春秋·贵公》。

口之言也，善败于是乎兴。

语出：《国语·周语》。

为川者决之使导，为民者宣之使言。

语出：《国语·周语上》。

为虺弗摧，为蛇将如何？

语出：《国语·吴语》。

得国常于丧，失国常于丧。

语出：《国语·晋语二》。

上医医国，其次疾人。

语出：《国语·晋语》。

国将亡，本必先颠，而后枝叶从之。

语出：《左传·闵公元年》。

或多难以固其国，启其疆土；或无难以丧其国，失其守宇。

语出：《左传·昭公四年》。

亲仁善邻，国之宝也。

语出：《左传·隐公六年》。

乱政亟行，所以败也。

语出：《左传·隐公五年》。

为国家者，见恶如农夫之务去草焉，芟夷蕴崇之，绝其本根，勿使能殖，则善者信矣！

语出：《左传·隐公六年》。

善人在上，则国无幸民。

语出：《左传·宣公十六年》。

众怒难犯，专欲难成。合二难以定国，危之道也。

语出：《左传·襄公十年》。

治之其未乱，为之其未有。

语出：《战国策·楚策》。

毫毛不拔，将成斧柯。

语出：《战国策·楚策》。

罢无能，废无用，捐不急之官，塞私门之请。

语出：《战国策·秦策》。

礼世不一其道，便国不必法古。

语出：《战国策·赵策一》。

内寇不与，外敌不可拒。

语出：《战国策·燕策》。

制治于未乱，保邦于未危。

语出：《尚书·周官》。

与治同道，罔不兴；与乱同事，罔不亡。

语出：《尚书·太甲下》。

临下以简，御众以宽，罚弗及嗣。

语出：《尚书·大禹谟》。

为善不同，同归于治；为恶不同，同归于乱。

语出：《尚书·蔡仲之命》。

圣人不以一己治天下，而以天下治天下。

语出：《关尹子·三极》。

拨乱世，反诸正。

语出：《公羊传·哀公十四年》。

世混浊而不清，蝉翼为重，千钧为轻。

语出：战国·楚·屈原《卜居》。

黄钟毁弃，瓦釜雷鸣；谗人高张，贤士无名。

语出：战国·楚·屈原《卜居》。

农夫之耨，去害苗者；贤者之治，去害义者。

语出：战国·鲁·尸佼《尸子》。

扬清激浊，荡去滓秽。

语出：战国·鲁·尸佼《尸子》。

佞人之在君侧者，若社之有鼠也。

语出：《晏子春秋·外篇重而异者十四》。

臣疑君而无不危国。

语出：战国·慎到《慎子·德立》。

君明臣直，国之福也。

语出：战国·慎到《慎子·君人》。

王者有易政而无易国，有易君而无易民。汤、武非得伯夷之民以治，桀、纣非得跖、蹻之民以乱也。民之治乱在于上，国之安危在于政。

语出：战国·慎到《慎子·逸文》。

文武并用，长久之术也。

语出：汉·司马迁《史记·郦生陆贾列传》。

毫厘不伐，将用斧柯。

语出：汉·司马迁《史记·苏秦列传》。

其为政也，善因祸而为福，转败而为功。

语出：汉·司马迁《史记·管晏列传》。

亡国之大夫，不可以国存。

语出：汉·司马迁《史记·淮阴侯列传》。

轻虑者不可以治国，独智者不可以存君。

语出：汉·司马迁《史记·蒙恬列传》。

兴必虑衰，安必思危。

语出：汉·司马迁《史记·司马相如列传》。

去一利百，民乃慕泽；去一利万，政乃不乱。

语出：汉·黄石公《三略》。

兽穷则啮，鸟穷则啄。

语出：汉·韩婴《韩诗外传》。

偏听生奸，独任成乱。

语出：汉·邹阳《狱中上梁王书》。

诛恶及本，本诛则恶消；振裘持领，领正则毛理。

语出：汉·杨伦《上书案坐任嘉举主罪》。

豺狼横道，不宜复问狐狸。

语出：汉·班固《汉书·孙宝传》。

安者非一日而安也。

语出：汉·班固《汉书·贾谊传》。

治天下者当用天下之心为心。

语出：汉·班固《汉书·鲍宣传》。

阃内不理，无以整外。

语出：汉·班固《汉书·王尊传》。

上因天时，下尽地财，中用人力。

语出：汉·刘安《淮南子·主术训》。

治国者若耨田，去害苗者而已。

语出：汉·刘安《淮南子·说山训》。

太刚则折，太柔则卷，圣人正在刚柔之间。

语出：汉·刘安《淮南子·泛论训》。

治国譬若张瑟，大弦緪，则小弦绝矣。

语出：汉·刘安《淮南子·缪称训》。

善举事者，若乘舟而悲歌，一人唱而千人和。

语出：汉·刘安《淮南子·说林训》。

扁鹊不能肉白骨，微箕不能存亡国。

语出：汉·桓宽《盐铁论·非鞅》。

说西施之美无益于容，道尧舜之德无益于治。

语出：汉·桓宽《盐铁论·遵道》。

贤圣治家非一宝，富国非一道。

语出：汉·桓宽《盐铁论·力耕》。

筑城者，先厚其基而后求其高；畜民者，先厚其业而后求其赡。

语出：汉·桓宽《盐铁论·未通》。

治大者不可以烦，烦则乱；治小者不可以怠，怠则废。

语出：汉·桓宽《盐铁论·刺复》。

贪鄙在率不在下，教训在政不在民。

语出：汉·桓宽《盐铁论·疾贪》。

善为政者，弊则补之，决则塞之。

语出：汉·桓宽《盐铁论·申韩》。

玉屑满箧，不为有宝；诵《诗》《书》负笈，不为有道；要在安国家，利人民，不苟文繁众辞而已。

语出：汉·桓宽《盐铁论·相刺》。

善为国者，天下之下我高，天下之轻我重。

语出：汉·桓宽《盐铁论·力耕》。

善政者恤民之患，除民之害也。

语出：汉·桓宽《政要论·兵要》。

为国者，必先知民之所苦，祝之所起，然后设之以禁。

语出：汉·王符《潜夫论·述赦》。

治世者若登丘矣，必先蹑其卑者，然后乃得履其高。

语出：汉·王符《潜夫论·衰制》。

一人吁嗟，王道为亏。

语出：汉·王符《潜夫论·救边》。

国之所以存者治也，其所以亡者乱也。

语出：汉·王符《潜夫论》。

举网以纲，千目皆张；振裘持领，万毛自整。

语出：汉·桓谭《新论·离事》。

存不忘亡，是以身安而国家可保也。

语出：汉·刘向《说苑·指武》。

政有三而已：一曰因民，二曰择人，三曰从时。

语出：汉·刘向《说苑·尊贤》。

不能独断，以人言断者，殃也。

语出：汉·刘向《说苑·君道》。

有不能治民之吏，而无不可治之民。

语出：汉·贾谊《新书·大政下》。

民之治乱，在于吏；国之安危，在于政。

语出：汉·贾谊《新书·大政下》。

圣人之于天下，耻一物之不知。

语出：汉·扬雄《法言·君子》。

治不忘乱，安不忘危。

语出：汉·扬雄《冀州箴》。

王良登车，马不罢驽；尧舜为政，民无狂愚。

语出：汉·王充《论衡·率性》。

治世御众，建立辅弼，诚在面从。

语出：三国·魏·曹操《求言令》。

危生于安，亡生于存，乱生于治。

语出：三国·蜀·诸葛亮《便宜十六策·思虑》。

绵绵不绝，必有乱结；纤纤不伐，必成妖孽。

语出：三国·蜀·诸葛亮《治乱》。

焰焰不灭，炎炎若何。

语出：三国·魏·王肃《孔子家语·观周》。

存亡祸福皆己而已，天灾地妖不能加也。

语出：三国·魏·王肃《孔子家语·仪解》。

器大者不可以小道治，势动者不可以争竞扰。

语出：晋·干宝《晋纪·总论》。

先师有遗训：忧道不忧贫。

语出：晋·陶渊明《癸卯岁始春怀古田舍》。

大匠构屋，必大材为栋梁，小材为榱橑，苟有所中，尺寸之木无弃也。

语出：晋·傅玄《傅子》。

世质则官少，世文则吏多。

语出：晋·傅玄《傅子》。

良骏败于拙御，智士踬于暗世。

语出：晋·葛洪《抱朴子·官理》。

达治乱之要者，遏将采之患。

语出：晋·葛洪《抱朴子·用刑》。

明君治难于其易，去恶于其微。

语出：晋·葛洪《抱朴子·用刑》。

浚井不渫则泥汙滋积，嘉谷不耘则莨莠弥蔓。

语出：晋·葛洪《抱朴子·博喻》。

世治则礼详，世乱则礼简。

语出：晋·陈寿《三国志·魏书·袁涣传》。

天下犹人之体，腹心充实，四肢虽病，终无大患。

语出：晋·陈寿《三国志·魏书·杜畿传》。

治疾及其未笃，除患贵其未深。

语出：晋·陈寿《三国志·吴书·骆统传》。

伐罪吊民，古之令轨。

语出：晋·陈寿《三国志·魏书·武帝纪》。

定国之术，在于强兵足食。

语出：晋·陈寿《三国志·魏书·武帝纪》。

存不忘亡，安必虑危。

语出：晋·陈寿《三国志·吴书·吴主权传》。

善为国者必先治其身，治其身者慎其所习。

语出：晋·陈寿《三国志·魏书》。

机权多门，是纷乱之源也。

语出：晋·陈寿《三国志·魏志·夏侯玄传》。

吏多民烦，欲以之弊。

语出：晋·陈寿《三国志·吴志·步骘传》。

亡国之主，自谓不亡，然后至于亡；圣贤之君，自谓将亡，然后至于不亡。

语出：晋·陈寿《三国志·魏志·高堂隆传》。

乱不极，则治不形。

语出：晋·陆机《辨亡论》。

暗于治者，唱繁而和寡；审乎物者，力约而功竣。

语出：晋·陆机《演连珠》。

沧海横流，玉石同碎。

语出：晋·袁宏《三国名臣序赞》。

犯上难，摄下易。

语出：南朝·宋·刘义庆《世说新语·品藻》。

齐桓修霸，务为内政。

语出：南朝·宋·范晔《后汉书·陈蕃传》。

积弊之后，易致中兴。

语出：南朝·宋·范晔《后汉书·李固传》。

存不忘亡，安不讳危。

语出：南朝·宋·范晔《后汉书·文苑列传》。

善人为国，三年乃立。

语出：南朝·宋·范晔《后汉书·郎顗传》。

有其有者安，贪人有者残。残灭之政，虽成必败。

语出：南朝·宋·范晔《后汉书·臧宫传》。

人少官多，十羊九牧，今宜存要去闲，并小为大。

语出：唐·魏徵《隋书·杨尚希传》。

惧谗邪，则思正身以黜恶。

语出：唐·魏徵《谏太宗十思疏》。

善堙川者必杜其源，善防奸者必绝其萌。

语出：唐·魏徵《群书治要·政论》。

思其所以危，则安矣；思其所以乱，则治矣；思其所以亡，则存矣。

语出：唐·魏徵《论时政疏·第三疏》。

善为水者，引之使平；善化人者，抚之使静。

语出：唐·魏徵《隋书·孝义传传论》。

安人之术，莫如善政。

语出：唐·魏徵《隋书·樊子盖传》。

和而不同，事君之常道。

语出：唐·魏徵《隋书·宇文述等传传论》。

贫可富，乱可治。

语出：唐·韩愈《太原王公墓志铭》。

经纬天地之谓文，戡定祸乱之谓武。

语出：唐·韩愈《贺册尊号表》。

川不可防，言不可弭。

语出：唐·韩愈《子产不毁乡校颂》。

百孔千疮，随乱随失，其危如一发引千钧。

语出：唐·韩愈《与孟尚书书》。

天下安危，宰相之能否可见。

语出：唐·韩愈《太傅董公行状》。

善医者，不视人之瘠肥，察其脉之病否而已矣；善计天下者，不视天下之安危，察其纪纲之理乱而已。

语出：唐·韩愈《杂说四首》。

善除害者察其本，善理疾者绝其源。

语出：唐·白居易《策林》。

智以险昌，愚以险亡。

语出：唐·白居易《策林》。

王者发施号令，所以齐其俗，一其心。

语出：唐·白居易《策林》。

善为理者，举其纲，疏其网。

语出：唐·白居易《策林》。

善防川者，决之使导。

语出：唐·白居易《采诗》。

弘爱人屈己之道，酌因时适变之宜。

语出：唐·刘禹锡《贺除虔王等表》。

先乡社之治，以浃于举郡；首队伍之法，以及于成师。犹言数者，起一而至万，操律者，本黄钟以及八音。

语出：唐·刘禹锡《答饶州元使书》。

善人在患，不救不祥；恶人在位，不去亦不祥。

语出：唐·刘禹锡《救沈志》。

可行必守，有弊必除。

语出：唐·刘禹锡《为容州窦中丞谢上表》。

兴废由人事，山川空地形。

语出：唐·刘禹锡《金陵怀古》。

善为政者，纲举而网疏。

语出：唐·房玄龄《晋书·刘颂传》。

天下大器，一安难倾，一倾难正。

语出：唐·房玄龄《晋书·刘颂传》。

时方颠沛，则显不如隐；万物思治，则默不如语。

语出：唐·房玄龄《晋书·袁宏传》。

居上者，不以至公理物；为下者，必以私路期荣。

语出：唐·房玄龄《晋书·袁宏传》。

一轨九州，同风天下。

语出：唐·房玄龄《晋书·苻坚载记上》。

理国要道，实在公平正直。

语出：唐·房玄龄《公平正直对》。

秦人不暇自哀，而后人哀之；后人哀之而不鉴之，亦使后人而复哀后人也。

语出：唐·杜牧《阿房宫赋》。

灭六国者，六国也，非秦也；族秦者，秦也，非天下也。

语出：唐·杜牧《阿房宫赋》。

兴国之君，先修人事，次尽地利。

语出：唐·李延寿《北史·崔宏传附崔浩》。

宫省则事省，事省则人清；官烦则事烦，事烦则人浊。

语出：唐·李延寿《北史·苏绰传》。

肉食谋何失，藜藿缅纵横。

语出：唐·陈子昂《感遇三十八首》。

礼之大本，以防乱也。

语出：唐·柳宗元《驳复仇议》。

若贵而愚，贱而圣且贤，以是而妨之，其为理本大矣。

语出：唐·柳宗元《逆论》。

乱者思理，危者求安。

语出：唐·柳宗元《礼部为文武百寮请听政表》。

天下之道，理安斯得人者也。

语出：唐·柳宗元《封建论》。

有非常之君者，必有非常之臣；有非常之臣者，必有非常之绩。

语出：唐·王勃《上绛州上官同马书》。

剪恶如草，扬奸如秕。

语出：唐·皮日休《手箴》。

自古经纶足是非，阴谋最忌夺天机。

语出：唐·司空图《有感》。

备豫不虞，为国常道。

语出：唐·吴兢《贞观政要·纳谏》。

人臣事主，顺旨甚易，忤情尤难。

语出：唐·吴兢《贞观政要·慎终》。

治国犹如栽树，本根不摇，则枝叶茂荣。

语出：唐·吴兢《贞观政要·政体》。

自古失国之主，皆为居安忘危，处治忘乱，所以不能长久。

语出：唐·吴兢《贞观政要·政体》。

善为政者，防于未然，均其有无，省其徭役。

语出：唐·张九龄《敕处分十道朝集使》。

吴王事事堪亡国，未必西施胜六宫。

语出：唐·陆龟蒙《吴宫怀古》。

能扶天下之危者，必据天下之安；能除天下之忧者，必享天下之乐。

语出：唐·杨炯《唐恒州刺史建昌公王公神道碑》。

非武功不能以定祸乱，非文德不能以致太平。

语出：唐·李翱《论事疏表》。

西施若解倾吴国，越国亡来又是谁。

语出：唐·罗隐《西施》。

家国兴亡自有时，吴人何苦怨西施。

语出：唐·罗隐《西施》。

为国者同于理身。身或不和，则药石之，针灸之。

语出：唐·李华《国之兴亡解》。

致治之君，远谗佞，近忠良，屈己以伸人，故能成其治；
为乱之主，亲不肖，疏贤臣，虐下以恣情，用能成其乱。

语出：唐·许敬宗《举贤良诏》。

邦国安危，亦如人之身。当四体和平之时，长宜调适，以
顺寒暄之节。如恃安自忽，则疾患旋生。

语出：五代·张昭远等《旧唐书·李珏传》。

理生于危心，乱生于肆志。

语出：五代·张昭远等《旧唐书·李绛传》。

古之善为天下者，计大而不计小。

语出：五代·张昭远等《旧唐书·陈子昂传》。

十羊九牧，其事难行；一国三公，适从焉在。

语出：五代·张昭远等《旧唐书·刘子玄传》。

昵小人，疏君子，而欲至治，非所闻也。

语出：五代·张昭远等《旧唐书·魏徵传》。

连盟翻灭郑，仁义反亡徐。

语出：北周·庾信《奉和永丰殿下言志》。

安天下于覆盂，其功可大。

语出：宋·王安石《归田录》。

圣人之政，仁足以使民不忍欺，智足以使民不能欺，政足以使民不敢欺。

语出：宋·王安石《三不欺》。

官有定员，则进趣虽多，不能为滥。

语出：宋·王安石《看详杂议》。

不先审天下之势而欲应天下之务，难矣。

语出：宋·苏洵《审势》。

天下无内忧必有外惧。

语出：宋·苏洵《审敌》。

当以通下情除壅蔽为急务。

语出：宋·苏轼《朝辞赴定州论事状》。

击去盗易，使无盗难。

语出：宋·苏轼《四达斋铭》。

天下无事，则公卿之言轻于鸿毛，天下有事，则匹夫之言
重于泰山。

语出：宋·苏轼《御试制科策》。

治身莫先于孝，治国莫先于公。

语出：宋·苏轼《司马温公行状》。

为国有三计：有万世之计，有一时之计，有不终月之计。

语出：宋·苏轼《策别十八》。

始终得其正，天下合于一。

语出：宋·苏轼《后正统论·辩论三》。

治其本，朝令而夕从；救其末，百世不改也。

语出：宋·苏轼《关陇游民私铸钱与江淮漕卒为盗之
由》。

为国不可以生事，亦不可以畏事。

语出：宋·苏轼《因擒鬼章论西羌夏人事宜札子》。

天下治乱，出于下情之通塞。

语出：宋·苏轼《朝辞赴定州论事状》。

古之贤人君子，大智经营，莫不除害兴利。

语出：宋·苏轼《录进单吴中水利书》。

诛一乡之奸，则一乡之人悦；诛一国之奸，则一国之人悦。

语出：宋·苏轼《策别十七》。

拨乱反正，承平百年。

语出：宋·苏轼《参定叶祖洽廷试策状》。

天下之学者莫不欲仕，仕者莫不欲贵。

语出：宋·苏轼《策别》。

自古在昔，治少乱多。

语出：宋·苏轼《贺韩丞相启》。

诚国是之先定，虽民散而可收。

语出：宋·苏轼《谢中书舍人启》。

君臣不相安，天下必亡。

语出：宋·苏轼《大臣论》。

154

断蛇不死，刺虎不毙，其伤人则愈多。

语出：宋·苏轼《续欧阳子朋党论》。

财之不丰，兵之不强，吏之不择，此三者存亡之所从出。

语出：宋·苏轼《思治论》。

礼之正国，犹绳墨之于曲直；其以止患，犹堤防之于江河。

语出：宋·苏辙《常安民太常博士》。

礼乐为本，刑政为末。

语出：宋·苏辙《河南府进士策问》。

政无旧新，以便民为本。

语出：宋·苏辙《傅尧俞御史中丞》。

居之以强力，发之以果敢，而成之以无私。

语出：宋·苏辙《新论》。

主大计者，必执简以御繁。

语出：宋·苏辙《上皇帝书》。

制其末而不穷其源，见其粗而未识其精。

语出：宋·苏辙《上皇帝书》。

君子为国，正其纲纪，治其法度。

语出：宋·苏辙《新论》。

得已而不已，不得已而已之，二者皆乱也。

语出：宋·苏辙《晋武帝》。

善善而不能用，恶恶而不能去，此其所以亡也。

语出：宋·苏辙《论所言不行札子》。

为国者当务实。

语出：宋·苏辙《民赋叙》。

富国有道，无所不恤者，富之端也。

语出：宋·苏辙《上皇帝书》。

强臣专国，则天下震动而易乱。

语出：宋·苏辙《新论》。

财之不足，是为国之先务也。

语出：宋·苏辙《上皇帝书》。

帝王之治，必先正风俗。风俗既正，中人以下，皆自勉以为善；风俗一败，中人以上，皆自弃而为恶。

语出：宋·苏辙《论台谏封事留中不行状》。

天下之弊安在哉？在乎中外小大之臣，各居其官而不知其职也。

语出：宋·王十朋《应诏陈弊事》。

将欲治外，必安其内。不有小忍，则不能成大谋。

语出：宋·王十朋《论广海二寇札子》。

下者尽力而无耗弊，上者量民而用有节。

语出：宋·欧阳修《原弊》。

使为恶者不得幸免，疑似者有所辩明。

语出：宋·欧阳修《春秋论》。

礼乐，治民之具也。

语出：宋·欧阳修《武成王庙问进士策》。

下之共上勤而不困，上之治下简而不劳。
语出：宋·欧阳修《本论》。

萌芽起微孽，辨别乖先见；剪除初非难，长养遂成患。
语出：宋·欧阳修《寄生槐》。

善治病者，必医其受病之处；善救弊者，必寻其起弊之源。
语出：宋·欧阳修《准诏言事上书》。

正者，所以正天下之不正也；统者，所以合天下之不一也。
语出：宋·欧阳修《正统论》。

少也用其力，老也优其秩。
语出：宋·欧阳修《内殿承制桑逵可左监门卫将军致仕制》。

治道备，人斯为善矣；治道失，人斯为恶矣。
语出：宋·欧阳修《答李诩书》。

广引深远，以明治乱之原。

语出：宋·欧阳修《准诏言事上书》。

善为政者，必重民力。

语出：宋·杨时《二程粹言·论政篇》。

治一县者，须一县事皆在胸次；治一州者，须一州事皆在胸次。

语出：宋·佚名《州县提纲》。

圣人能立言，不能使人从其言。施之明君，则为政之师也；施之庸主，则饰非之资也；用之君子，则嘉言之本也；用之小人，则巧言之助也。

语出：宋·王禹偁《既往不咎论》。

制动必原静，治人先正心。

语出：宋·赵汴《书琴坛》。

君子小人，方圆不相人，曲直不相投，贪廉进退不相侔，动静语默不相应，如此而望议论协和、政令平允，安可得耶！

语出：宋·富弼《论辨邪正》。

古者，国之政事，未有不成于学者也。

语出：宋·刘岑《全州学记》。

自古为国家者，夷狄强盛不足患，财货空匮不足患，惟人才衰少为最大患。

语出：宋·徐鹿卿《经筵奏己见》。

君子思兴，小人思坏；思兴召祥，思坏召怪。

语出：宋·邵雍《君子吟六首》。

天地和则万物生，君臣和则国家平。

语出：宋·刘清之《戒子通录》。

予之则喜，夺之则怨，虽人所不免，苟夺之以理，亦无可怨者。

语出：宋·毕仲游《官冗议》。

官吏浮冗，最为天下之大患。

语出：宋·毕仲游《试荫补人议》。

人皆以饥寒为患，不知所患者正在不饥不寒尔。

语出：宋·罗大经《鹤林玉露》。

足食足兵而人才足用，则天下不难理矣。

语出：宋·罗大经《鹤林玉露》。

高位而忘颠覆，未有不颠覆者。

语出：宋·苏舜钦《乞纳谏书》。

公与私不并行，恩与法不两立。以公灭私、以法灭恩者
治，以私害公、以恩弃法者乱。此古今不易之道也。

语出：宋·汪藻《奏论邢焕孟忠厚除授不当状》。

天下有正道，邪不可干。以邪干正者，国不治。

语出：宋·林逋《省心录》。

上疑下欺，君臣乃离。

语出：宋·柳开《默书》。

族盛卑邑，邦大下国。

语出：宋·柳开《时鉴》。

数人而居一官，则不竞其公而竞其私；数人而治一事，则
任其功而不任其责。

语出：宋·杨万里《冗官》。

真赝不同物，治乱不同日。

语出：宋·宋祁《杂说》。

拙制伤锦，迂政损国。

语出：宋·宋祁《杂说》。

救乱之世不语儒，求治之世不语战。

语出：宋·宋祁《杂说》。

居安而念危，则终不危；操治则虑乱，则终不乱。

语出：宋·宋祁《直言对》。

射幸数跌，不如审射。

语出：宋·司马光《资治通鉴·魏纪》。

开直言，广视听，理之萌也。甘谄谀，蔽近习，乱之象
也。

语出：宋·司马光《资治通鉴·唐纪》。

朝廷宜一，大臣当和。

语出：宋·司马光《资治通鉴·晋纪》。

明主好要，暗主好详；主好要则百事详，主好详则百事荒。

语出：宋·司马光《稽古录》。

内寇不除，何以攘外？近郊多垒，何以服远。

语出：宋·岳飞《奏招曹成不服乞进兵札子》。

政通人和，百废俱兴。

语出：宋·范仲淹《岳阳楼记》。

不读书有权，不识字有钱，不晓事倒有人夸荐，老天只恁忒心偏。

语出：元·佚名《朝天子》。

为政者不难于始，而难于克终也。

语出：元·张养浩《牧民忠告》。

天下之事，非一人所能周知，亦非一人所能独成，必兼收博采，治理可望焉。

语出：元·张养浩《风宪忠告·荐举第六》。

武以戡乱，文以守成。

语出：元·姚燧《郭野斋诗集序》。

外有敌国，则其计先自强。自强者人畏我，我不畏人。

语出：元·欧阳玄等《宋史·董槐传》。

励精图治，将大有为。

语出：元·欧阳玄等《宋史·神宗纪赞》。

政纲虽举，必求益其所未至；德泽虽布，必思及其所未周。

语出：元·欧阳玄等《宋史·薛极传》。

锄一恶，长十善。

语出：元·欧阳玄等《宋史·毕士安传》。

君骄臣谄，此邦之所繇丧也。

语出：元·欧阳玄等《宋史·沈铢等传传论》。

以正守国，以奇用兵。

语出：元·欧阳玄等《宋史·李琼传》。

销患于未形，保治于未然。

语出：明·方孝孺《豫让论》。

斩草除根，萌芽不发；斩草不除根，春至萌芽再发。

语出：明·冯梦龙《警世通言》。

天下动之至易，安之至难。

语出：明·罗贯中《三国演义》。

将相和调，则士豫附。

语出：明·海瑞《复叶立斋·陈熙斋诸年丈》。

朝无小人，君子道长。

语出：明·海瑞《乞治党邪言官疏》。

交则泰，不交则否，自古皆然。

语出：明·王鏊《亲政篇》。

上下之情，壅而不通，天下之弊，由是而积。

语出：明·王鏊《亲政篇》。

君臣不以道合，而以功利相济者，鲜能保其终。

语出：明·胡居仁《居业录·帝王》。

顺理处事自治，人心自服。

语出：明·胡居仁《居业录·学问》。

自古至今，乱日常多，治日常少。

语出：明·刘基《郁离子·天道》。

理乱丝者，必凝者志；治乱国者，在定其趋。

语出：明·刘基《拟连珠》。

剔大蠹者，木必凿；去大奸者，国必伤。

语出：明·刘基《拟连珠》。

忧常在心，则民安国固。

语出：明·归有光《应制策·隆庆元年浙江程策》。

自古大乱之世，未有无圣人而可以致治者。

语出：明·归有光《应制策·第四问》。

天下得之至艰，守之尤至艰。

语出：明·归有光《应制策·河南策问对》。

圣人恶似是而非之人，国家忌似是而非之论。

语出：清·魏源《默觚·治篇》。

弊之难去，其难在仰食于弊之人乎！

语出：清·魏源《〈淮北票盐志〉序》。

烛火不剪烛不燃，蟫蠹不蠲书不全。

语出：清·魏源《行路难》。

足食足兵，为治天下之具。

语出：清·魏源《默觚·治篇》。

去弊当治其本，本未治而徒去其末，虽众人之所暂快，而贤知之所深虑。

语出：清·陈宏谋《五种遗规》。

威人者灭，服人者昌。

语出：清·沈德潜《古诗源·越群臣祝》。

圣贤之言，因时而变，所以救其失也；不模古而行，所以致其真。

语出：清·唐甄《潜书·辨儒》。

际兹国步艰难，方当拨乱反正。

语出：清·冯桂芬《复庄卫生书》。

千秋龟鉴示兴亡，仁义从来为国宝。

语出：清·张映斗《咸阳》。

人君贵明不贵察。

语出：清·张廷玉等《明史·蔡时鼎传》。

国之将亡也，先自戕其善类，而水旱盗贼乘之。故祸乱之端，士君子恒先被其毒。

语出：清·张廷玉等《明史·杨涟等传赞语》。

除恶不尽，必留后祸。

语出：清·赵尔巽等《清史稿·洪秀全传》。

治世之官详于下，乱世之官叠于上。

语出：清·钟铰《颜习斋先生言行录·禁令》。

大智兴邦，不过集众思；大愚误国，只为好自用。

语出：清·金缨《格言联璧·从政》。

乱极则治，暗极则光。

语出：太平天国·洪秀全《原道醒世训》。

德治篇

德薄而位尊，知小而谋大，力少而任重，鲜不及矣。

语出：《易经·系辞下》。

怀其宝而迷其邦，可谓仁乎？

语出：《论语·阳货》。

道之以政，齐之以刑，民免而无耻；道之以德，齐之以礼，有耻且格。

语出：《论语·为政》。

为政以德，譬如北辰，居其所，而众星共之。

语出：《论语·为政》。

以力服人者，非心服也，力不赡也；以德服人者，中心悦而诚服也。

语出：《孟子·公孙丑上》。

得道者多助，失道者寡助。寡助之至，亲戚畔之；多助之至，天下顺之。

语出：《孟子·公孙丑下》。

得志，泽加于民；不得志，修身见于世。

语出：《孟子·尽心上》。

贤君必恭俭礼下，取于民有制。

语出：《孟子·滕文公上》。

不以仁政，不能平治天下。

语出：《孟子·离娄上》。

治人不治，反其智。

语出：《孟子·离娄上》。

民之归仁也，犹水之就下，兽之走圹也。

语出：《孟子·离娄上》。

国君好仁，天下无敌。

语出：《孟子·离娄上》。

为渊驱鱼者，獭也；为丛驱爵者，鹯也。

语出：《孟子·离娄上》。

仁者无敌。

语出：《孟子·梁惠王上》。

保民而王，莫之能御也。

语出：《孟子·梁惠王上》。

不违农时，谷不可胜食也；数罟不入洿，池鱼鳖不可胜食也；斧斤以时入山林，材木不可胜用也。谷与鱼鳖不可胜食，材木不可胜用，是使民养生丧死无憾也。养生丧死无憾，王道之始也。

语出：《孟子·梁惠王上》。

三代之得天下也以仁，其失天下也以不仁。国之所以废兴存亡者亦然。天子不仁，不保四海；诸侯不仁，不保社稷；卿大夫不仁，不保宗庙；士庶人不仁，不保四体。

语出：《孟子·离娄上》。

可以有夺人国，不可以有夺人天下；可以有窃国，不可以有窃天下也。

语出：《荀子·正论》。

仁人在上，则农以力尽田，贾以察尽财，百工以巧尽械器。

语出：《荀子·荣辱》。

彼仁义者，所以修政者也；政修则民亲其上，乐其君，而轻为之死。

语出：《荀子·议兵》。

临事接民而以义应变，宽裕而多容，恭敬以先之，政之始也；然后中和察断以辅之，政之隆也；然后进退诛赏之，政之终也。

语出：《荀子·致士》。

知强大者不务强也，虑以王命，全其力，凝其德。

语出：《荀子·王制》。

聚敛者，召寇、肥敌、亡国、危身之道也，故明君不蹈也。

语出：《荀子·王制》。

筐箧已富，府库已实，而百姓贫，夫是之谓上溢而下漏。

语出：《荀子·王制》。

修礼者王，为政者强，取民者安，聚敛者亡。

语出：《荀子·王制》。

五疾，上收而养之，材而事之，官施而衣食之，兼覆无遗。

语出：《荀子·王制》。

诚以其国为王者之所，亦王；以其国为危殆灭亡之所，亦危殆灭之。

语出：《荀子·王制》。

威严猛厉，而不好假道人，则下畏恐而不亲，周闭门而不竭；若是，则大事殆乎驰，小事殆乎遂。和解调通，好假道人，而无所凝止之，则奸言并至，尝试之说蜂起，若是，则听大事烦，是又伤之也。

语出：《荀子·王制》。

言室满室，言堂满堂，是谓圣王。

语出：《韩非子·难三》。

善为吏者树德，不能为吏者树怨。

语出：《韩非子·外储说左下》。

圣人去甚，去奢，去泰。

语出：《老子》。

其政闷闷，其民淳淳；其政察察，其民缺缺。

语出：《老子》。

早服谓之重积德。重积德则无不克。

语出：《老子》。

克核太至，则必有不肖之心应之。

语出：《庄子·人间世》。

维圣哲以茂行兮，苟得用此下土。

语出：战国·楚·屈原《离骚》。

独王之国，劳而多祸。

语出：《管子·形势》。

上好本，则端正之士在前；上好利，则毁誉之士在侧。

语出：《管子·七臣七主》。

杀戮重而心不服，则上位危矣。

语出：《管子·牧民》。

善罪身者，民不得罪也。

语出：《管子·小称》。

子不能治子之身，恶能治国政？

语出：《墨子·公孟》。

贤君无私怨。

语出：《列子·力命》。

不义不昵，厚将崩。

语出：《左传·隐公元年》。

有觉德行，四国顺之。

语出：《左传·襄公二十一年》。

无德而禄，殃也。

语出：《左传·闵公二年》。

皇天无亲，惟德是辅。

语出：《左传·僖公五年》。

救灾恤邻，道也。

语出：《左传·僖公十三年》。

众怒不可蓄。

语出：《左传·昭公二十五年》。

宽以济猛，猛以济宽，政是以和。

语出：《左传·昭公二十年》。

川壅而溃，伤人必多。

语出：《国语·周语上》。

勒民以自封，死无日矣。

语出：《国语·楚语》。

君子之爱人也，以德；细人之爱人也，以姑息。

语出：《礼记·檀弓上》。

大道之行也，天下为公，选贤与能，讲信修睦。

语出：《礼记·礼运》。

在上位不陵下，在下位不援上。

语出：《礼记·中庸》。

代虐以宽，兆民允怀。

语出：《尚书·伊训》。

德惟治，否德乱。

语出：《尚书·太甲下》。

弗虑胡获？弗为胡成？

语出：《尚书·太甲下》。

意莫高于爱民，行莫厚于乐民。

语出：《晏子春秋·内篇问下二十二》。

君无违德，何患于彗？

语出：《晏子春秋·外篇重而异者六》。

人主贤，则人臣之言刻。

语出：战国·吕不韦等《吕氏春秋·达郁》。

水出于山而走于海，水非恶山而欲海也，高下使之然也。

语出：战国·吕不韦等《吕氏春秋·审己》。

水泉源深，则鱼鳖归之。

语出：战国·吕不韦等《吕氏春秋·功名》。

循法之功，不足以高世；法古之学，不足以制今。

语出：《战国策·赵策》。

无德而贿丰，祸之胎也。

语出：汉·王符《潜夫论·遏利》。

德薄者恶闻美行，政乱者恶闻治言。

语出：汉·王符《潜夫论·贤难》。

善为吏者树德，不善为吏者树怨。

语出：汉·刘向《说苑·至公》。

圣人为善若恐不及，备祸若恐不免。

语出：汉·刘安《淮南子·缪称训》。

存在得道而不在于大，亡在失道而不在于小。

语出：汉·刘安《淮南子·泛论训》。

树高者鸟宿之，德厚者士趋之。

语出：汉·刘向《说苑·说丛》。

功无大小，德无多少，人须仰恃赖之者，则为美矣。

语出：汉·王充《论衡·感类》。

记人之功，忘人之过，宜为君者也。

语出：汉·班固《汉书·陈汤传》。

怠情忽略，必乱其政。

语出：汉·班固《汉书·孔安国传》。

以知能治民者，汩也；以道德治民者，舟也。

语出：汉·荀悦《申鉴·政体》。

行德则兴，倍德则崩。

语出：汉·戴德《大戴礼记·武王践阼》。

君子不患位之不尊，而患德之不崇；不耻禄之不伙，而耻智之不博。

语出：汉·张衡《应问》。

明主不掩人之美。

语出：汉·司马迁《史记·刺客列传》。

顺之者昌，逆之者不死则亡。

语出：汉·司马迁《史记·太史公自序》。

暴得者必暴亡，强取者必后无功。

语出：汉·司马迁《史记·龟策列传》。

有德者昌，恃力者亡。

语出：汉·司马迁《史记·商君列传》。

始于忧勤，终于逸乐。

语出：汉·司马迁《史记·司马相如列传》。

仁者爱万物，而智者备祸于未形，不仁不智，何以为国？

语出：汉·司马迁《史记·赵世家》。

盛饰入朝者，不以私污义。

语出：汉·邹阳《狱中上梁王书》。

贵爵而贱德者，虽为天子，不尊矣。

语出：汉·韩婴《韩诗外传》。

欲政之速行也，莫善乎以身先之；欲民之速服也，莫善乎以道御之。

语出：三国·魏·王肃《孔子家语·入官》。

灾妖不胜善政，寤梦不胜善行。

语出：三国·魏·王肃《孔子家语·仪解》。

可怀以德，难屈以力。

语出：晋·陈寿《三国志·魏书·三少帝纪》。

治世以大德，不以小惠。

语出：晋·陈寿《三国志·蜀书·后主传》。

得人者，先得之于己者也；失人者，先失之于己者也。

语出：晋·葛洪《抱朴子·广譬》。

非威德无以致远，非慈厚无以怀民。

语出：《唐太宗集·君体》。

务广德者昌，务广地者亡。

语出：唐·魏徵《隋书·东夷传传论》。

御之良者，不在烦策；政之善者，无取严刑。

语出：唐，魏徵《隋书·酷吏传传论》。

为政以德则治，不以德则乱也。

语出：唐·魏徵《群书治要·尚书》。

德化厚，百姓安也。

语出：唐·魏徵《群书治要·〈老子·道经〉》。

思国之安者，必积其德义。

语出：唐·魏徵《谏太宗十思疏》。

仁函于肤，刃莫毕屠。

语出：唐·柳宗元《贞符并序》。

为君使无私之光及万物，蛰虫昭苏萌草出。

语出：唐·白居易《鸦九剑》。

东风不择木，吹煦长未已。

语出：唐·白居易《杏园中枣树》。

为国者，皆患吏之贪，而不知去贪之道也；皆欲吏之清，
而不知致清之由也。

语出：唐·白居易《使官吏清廉在均其禄厚其俸》。

理人为循吏，理财为能臣。

语出：唐·刘禹锡《高陵县令刘君遗爱碑》。

以智谋而进者，有时而衰；以朴厚而知者，无迹而固。

语出：唐·刘禹锡《唐故宣歙池都团练观察使王公神道
碑》。

修身而不能及治者有矣，未有不自己而能及民者。

语出：唐·刘禹锡《答饶州元使君书》。

风行草偃，其势必然。

语出：唐·刘禹锡《谢兵马使朱郑等官表》。

威行如秋，仁行如春。

语出：唐·韩愈《与凤翔邢沿书书》。

莫取金汤固，长令宇宙新。

语出：唐·杜甫《有感》。

政不以利淫，振雷霆之威。

语出：唐·王维《京兆尹张公德政碑》。

众怒难任，蓄怨终泄。

语出：唐·陆贽《奉天请罢琼林大盈二库状》。

仁君在上，则海内无馁殍之人。

语出：唐·陆贽《均节赋税恤百姓第五条》。

帝身且不德，能帝天下乎？能主家国乎？

语出：唐·皮日休《六箴序》。

待士慕谦让，莅民尚宽平。

语出：唐·陈子昂《座右铭》。

求木之长者，必固其根本；欲流之远者，必浚其源泉；思国之安者，必积其德义。

语出：唐·吴兢《贞观政要·君道》。

忠厚积则致太平，浅薄积则致危亡。

语出：唐·吴兢《贞观政要·公平》。

明主思短而益善，暗主护短而永愚。

语出：唐·吴兢《贞观政要·求谏》。

我愿君王心，化作光明烛。不照绮罗筵，只照逃亡屋。

语出：唐·聂夷中《伤田家》。

纣能索铁，天下惧之如虎狼；尧不胜衣，天下亲之如父母。

语出：唐·罗隐《强弱》。

186

若以勤俭为志，则臣下守法，官无邪人。

语出：唐·李濬《松窗杂录》。

定祸乱者，武功也；能复制度、兴太平者，文德也。

语出：唐·李翱《论事疏表》。

国安危在于政。政以法，暂安焉必危；以德，始不便焉终治。

语出：唐·韩琬《上睿宗论时政疏》。

譬如猛兽，物不能害，反为毛间虫所损食耳。

语出：唐·李延寿《北史·隋宗室诸王传》。

臣之嗫口卷舌，而乱亡随之也。

语出：宋·苏洵《谏论》。

易以理服，难以力胜。

语出：宋·苏轼《两浙转运副使孙昌龄可秘阁校理知福州》。

以武功定祸乱，以文德致太平。

语出：宋·苏轼《书王巩所藏太宗御书后》。

上有毫发之意，则下有丘山之取。

语出：宋·苏辙《久旱乞放民间债欠贴黄》。

但得官清吏不横，即是村中歌舞时。

语出：宋·陆游《春日杂兴》。

忧劳可以兴国，逸豫可以亡身。

语出：宋·欧阳修《伶官传序》。

君子出处不违道而无愧。

语出：宋·欧阳修《与颜直讲》。

勿谓人多诈，须教吏不欺。

语出：宋·王禹偁《送毋殿丞赴任齐州》。

禹恶衣菲食，卑其宫室，而尽力为民，执心谦冲，不自盈大。

语出：宋·司马光《稽古录》。

治国之道，在乎宽猛得中。宽则政令不成，猛则民无措手足。

语出：宋·朱熹《宋名臣言行录前集》。

宽而见畏，严而见爱，皆圣贤之难事。

语出：宋·朱熹《宋名臣言行录前集》。

任官者，宁以事胜人，无以人胜事。

语出：宋·杨万里《冗官》。

服天下之心不以威。以威服人，未有能服者也。

语出：宋·王开祖《儒志编》。

言路开则治，言路塞则乱，治乱者系乎言路而已。

语出：宋·范祖禹《唐鉴》。

为政以德，一似灯相似，油多便灯自明。

语出：宋·黎靖德《朱子语类》。

有是德，便有是政。

语出：宋·黎靖德《朱子语类》。

治家而无信，不可行于家；治国而无信，则不可行于国。

语出：宋·林之奇《文侯不爽猎人期》。

当官之法，唯有三事：曰清，曰慎，曰勤。

语出：宋·吕本中《官箴》。

无私乃时雨，不杀是天声。

语出：宋·石延年《曹太尉西师》。

上安下顺，弊绝风清。

语出：宋·周敦颐《拙赋》。

尔俸尔禄，民膏民脂。下民易虐，上天难欺。

语出：宋·张唐英《蜀梼杌》。

仕不必达，要之无愧。

语出：宋·罗大经《鹤林玉露》。

人君之学不在于遍读杂书，多知小事，在于正心诚意，少私寡欲。

语出：宋·晁说之《晁氏客语》。

自古昔以来，国之乱臣，家之败子，才有余而德不足。

语出：宋·司马光《资治通鉴·周纪》。

大厦不倾，匪一瓦之积；黎庶之安，乃众贤之力。

语出：明·方孝孺《瓦》。

使人畏威，不若使人畏义。

语出：明·方孝孺《逊志斋集·右第一章》。

以威胜，不如以德胜。

语出：明·冯梦龙《东周列国志》。

民生以德义为本，兵事以民为本。

语出：明·冯梦龙《东周列国志》。

德而不威，其国外削；威而不德，其民内溃。

语出：明·冯梦龙《东周列国志》。

用武则先威，用文则先德。

语出：明·罗贯中《三国演义》。

有道伐无道，无德让有德。

语出：明·罗贯中《三国演义》。

圣贤耻独善，所贵匡时艰。

语出：明·屈大均《别王二丈予安》。

仁陷于愚，固君子之所不与也。

语出：明·马天锡《东田文集·中山狼传》。

古今败国者皆自败矣。

语出：明·胡居仁《居业录·圣贤》。

君子用世，随大随小，皆全力赴之。

语出：清·魏源《默觚·治篇》。

专欲无成，犯众兴祸。

语出：清·申涵煜《省心短语》。

不独为利而仕不可，为名亦不可。

语出：清·王豫《蕉窗日记》。

诗书焚后今犹在，到底阿房不耐烧。

语出：清·丁尧臣《咏阿房宫》。

相是一时之治乱，史关千古之是非。

语出：清·钟铵《颜习斋先生言行录·学人》。

择良吏，轻赋役，则养民之要也。

语出：清·郑端辑《朱子学归》。

法令篇

君子以明慎用刑，而不留狱。

语出：《易经·旅》。

节以制度，不伤财，不害民。

语出：《易经·节》。

辟言不信，如彼行迈，则靡所臻。

语出：《诗经·小雅》。

片言可以折狱。

语出：《论语·颜渊》。

刑罚不中，则人无所错乎足。

语出：《论语·子路》。

见可杀焉，然后杀之。

语出：《孟子·梁惠王下》。

公输子之巧，不以规矩，不能成方圆；师旷之聪，不以六律，不能正五音。

语出：《孟子·离娄上》。

大匠不为拙工改废绳墨，羿不为拙射变其彀率。

语出：《孟子·尽心上》。

梓匠轮舆能与人规矩，不能使人巧。

语出：《孟子·尽心下》。

公私不可不明，法禁不可不审。

语出：《韩非子·饰邪》。

道法万全，智能多失。

语出：《韩非子·饰邪》。

夫悬衡而知平，设规而知圆，万全之道也。释规而任巧，释法而任智，惑乱之道也。

语出：《韩非子·饰邪》。

国有常法，虽危不亡。

语出：《韩非子·饰邪》。

明主之道，必明于公私之分，明法制，去私恩。

语出：《韩非子·饰邪》。

凡败法之人，必设诈诓物以求亲，又好言天下之所希有，此暴君乱主之所以惑也，人臣贤佐之所以侵也。

语出：《韩非子·饰邪》。

故先王以道为常，以法为本。本治者名尊，本乱者名绝。

语出：《韩非子·饰邪》。

巧匠目意中绳，然必先以规矩为度。

语出：《韩非子·有度》。

绳直而枉木斫，准夷而高科削。

语出：《韩非子·有度》。

一民之轨莫如法。

语出：《韩非子·有度》。

古有世治之民，奉公法，废私术，专意一行，具以待任。

语出：《韩非子·有度》。

峻法，所以禁过外私也；严刑，所以遂令惩下也。

语出：《韩非子·有度》。

法不信，则君行危矣；刑不断，则邪不胜矣。

语出：《韩非子·有度》。

法不阿贵，绳不挠曲。法之所加，智者弗能辞，勇者弗能争。刑过不避大臣，赏善不遗匹夫。

语出：《韩非子·有度》。

国无常强，无常弱。奉法者强，则国强；奉法者弱，则国弱。

语出：《韩非子·有度》。

故当今之时，能去私曲，就公法者，民安而国治；能去私行，行公法者，则兵强而敌弱。故审得失，有法度之制者，加于群臣之上，则主不可欺以诈伪；审得失，有权衡之称者，以听远事，则主不可欺以天下之轻重。

语出：《韩非子·有度》。

释法术而任心治，尧不能正一国。去规矩而妄意度，奚仲不能成一轮。

语出：《韩非子·用人》。

凡法令更，则利害易；利害易，则民务变。

语出：《韩非子·解老》。

好以智矫法，时以私杂公，法禁变易，号令数下者，可亡也。

语出：《韩非子·亡征》。

法败则国乱，民怨则国危。

语出：《韩非子·难一》。

法与时转则治，治与世宜则有功。

语出：《韩非子·心度》。

上下交朴，以道为舍。故长利积，大功立，名成于前，德垂于后，治之至也。

语出：《韩非子·大体》。

君无术则弊于上，臣无法则乱于下。此不可一无者，帝王之具也。

出：《韩非子·定法》。

为治者用众而舍寡，故不务德而务法。

语出：《韩非子·显学》。

夫砥砺杀矢，而以妄发，其端未尝不中秋毫也。然而不可谓善射者，无常仪的也。

语出：《韩非子·问辩》。

明主之国，令者，言最贵者也，法者，事最适者也。言无二贵，法不两适，故言行而不轨于法令者，必禁。

语出：《韩非子·问辩》。

治国之有法术赏罚，犹若陆行之有犀车良马也，水行之有轻舟便楫也，乘之者遂得其成。伊尹得之，汤以王。管仲得之，齐以霸。商君得之，秦以强。

语出：《韩非子·奸劫弑臣》。

今家人之治产也，相忍以饥寒，相强以劳苦，虽犯军旅之难，饥馑之患，温衣美食者，必是家也。相怜以衣食，相惠以佚乐，天饥岁荒，嫁妻卖子者，必是家也。故法之为道，前苦而长利；仁之为道，偷乐而后穷。

语出：《韩非子·六反》。

夫凡国博君尊者，未尝非法重而可以至乎令行禁止于下者
也。是以君人者，分爵制禄，则法必严以重之。夫国治则
民安，事乱则邦危。

语出：《韩非子·制分》。

婢妾之言听，爱玩之智用，外内悲惋，而数行不法者，可
亡也。

语出：《韩非子·亡征》。

圣王之立法也，其赏足以劝善，其威足以胜暴，其备足以
完法。

语出：《韩非子·守道》。

知术之士，必远见而明察；不明察，不能烛私。能法之
士，必强毅而劲直；不劲直，不能矫奸。

语出：《韩非子·孤愤》。

人主者，守法责成以立功者也。闻有吏虽乱而有独善之

民，不闻有民乱而有独治之吏，故明主治吏不治民。

语出：《韩非子·外储说右下》。

有度难，而无度易也。

语出：《韩非子·外储说左上》。

治强生于法，弱乱生于阿。君明于此，则正赏罚而非仁下也。爵禄生于功，诛罚生于罪。臣明于此，则尽死力而非忠君也。君通于不仁，臣通于不忠，则可以王矣。

语出：《韩非子·外储说右下》。

椎锻者，所以平不夷也，榜檠者，所以矫不直也。圣人之为法也，所以平不夷，矫不直也。

语出：《韩非子·外储说右下》。

夫立法令者，所以废私也；法令行，而私道废矣。私者，所以乱法也。

语出：《韩非子·诡使》。

凡术也者，主之所以拟也；法也者，官之所以师之。然使郎中日闻道于郎门之外，以至于境内日见法，又非其难者也。

语出：《韩非子·诡使》。

道私者乱，道法者治。

语出：《韩非子·诡使》。

绳墨之起，为不直也。

语出：《荀子·性恶》。

五寸之矩，正天下之方。

语出：《荀子·不苟》。

刑称罪则治，不称罪则乱。

语出：《荀子·正论》。

上文下安，功名之极也。

语出：《荀子·致士》。

礼及身而行修，义及国而政明，以及礼挟而贵名白，天下愿，令行禁止，王者之事毕矣。

语出：《荀子·致士》。

修礼以齐朝，正法以齐官，平政以齐民，然后节奏齐于朝，百事齐于官，众庶齐于下。

语出：《荀子·富国》。

彼国者亦有砥砺、礼义、节奏是也。

语出：《荀子·强国》。

凝士以礼，凝民以政；礼修而士服，政平而民安；士服民安，夫是之谓大凝。

语出：《荀子·议兵》。

有乱君，无乱国；有治人，无治法。

语出：《荀子·君道》。

职分而民不慢，次定而序不乱，兼听齐明而百事不留。

语出：《荀子·君道》。

政令时，则百姓一，贤良服。

语出：《荀子·王制》。

王者之法，等赋，政事，财万物，所以养万民也。

语出：《荀子·王制》。

君人者，隆礼尊贤而王，重法爱民而霸，好利多诈而危。

语出：《荀子·大略》。

人无礼不生，事无礼不成，国家无礼不宁。

语出：《荀子·大略》。

水行者表深，使人无陷；治民者表乱，使人无失。礼者，其表也，先王以礼表天下之乱，今废礼者，是去表也。

语出：《荀子·大略》。

国无礼则不正。礼之所以正国也，譬之犹衡之于轻重也，犹绳墨之于曲直也，犹规矩之于方圆也，既错之而人莫之能诬也。

语出：《荀子·王霸》。

百工从事，皆有法度。

语出：《墨子·法仪》。

轮匠执其规矩，以度天下之方圆。

语出：《墨子·天志上》。

天下从事者，不可以无法仪。无法仪而其事能成者无有也。

语出：《墨子·法仪》。

上以为政，下以为俗。

语出：《墨子·节葬下》。

治民一众，不知法不可。

语出：《管子·七法》。

守国之度，在饰四维。

语出：《管子·牧民》。

千里之路，不可扶以绳；万家之都，不可平以准。

语出：《管子·宙合》。

视时而立仪。

语出：《管子·国准》。

威不两错，政不二门。

语出：《管子·明法》。

草茅弗去，则害禾谷；盗贼弗诛，则伤良民。

语出：《管子·明法》。

一再则宥，三再不赦。

语出：《管子·立政》。

错仪画制，不知则不可。

语出：《管子·七法》。

凡将举事，令必先出。

语出：《管子·立政》。

不为重宝亏其命，故曰令贵于宝。

语出：《管子·七法》。

不为爱人枉其法，故曰法爱于人。

语出：《管子·七法》。

圣人能生法，不能废法而治国。

语出：《管子·法法》。

令重于宝，社稷先于亲戚；法重于民，威权贵于爵禄。

语出：《管子·法法》。

巧者能生规矩，不能废规矩而正方圆。

语出：《管子·法法》。

巧目利手，不如拙规矩之正方圆。

语出：《管子·法法》。

私道行则法度侵。

语出：《管子·七臣七主》。

私议自贵之说胜，则上令不行。

语出：《管子·立政九败解》。

天不为一物枉其时，明君圣人亦不为一生枉其法。

语出：《管子·白心》。

私情行而公法毁。

语出：《管子·八观》。

圣君任法而不任智，任公而不任私。

语出：《管子·任法》。

接于事而不辞，齐于法而不乱，恃于民而不轻。

语出：《庄子·在宥》。

以法为分，以名为表，以参为验，以稽为决，其数一二三四是也。

语出：《庄子·天下》。

不以私害法，则治。

语出：《商君书·修权》。

出一令可以止横议，杀一犯可以儆百众。

语出：《商君书·赏刑》。

背法而治，此任重道远而无马牛，济大川而无舡楫也。

语出：《商君书·弱民》。

胜法之务莫急于去奸，去奸之本莫深于严刑。

语出：《商君书·开塞》。

民之外事，莫难于战，故轻法不可以使之。

语出：《商君书·外内》。

当时而立法，因事而制礼。

语出：《商君书·更法》。

主贵多变，国贵少变。

语出：《商君书·去强》。

以法治者强，以政治者削。

语出：《商君书·去强》。

明主之治天下也，缘法而治，按功行赏。

语出：《商君书·君臣》。

爱人者不阿，憎人者不害，爱恶各以其正，治之至也。

语出：《商君书·慎法》。

使吏非法无以守，则虽巧不得为奸。

语出：《商君书·慎法》。

明主、忠臣产于今世，而能领其国者，不可以须臾忘于法。破胜党任，节去言谈，任法而治矣。

语出：《商君书·慎法》。

君臣释法任私必乱，而不以私害法则治。

语出：《商君书·修权》。

世之为治者，多释法而任私议，此国之所以乱也。

语出：《商君书·修权》。

国有隙蠹而不亡者，天下鲜矣。是故明王任法去私，而国无隙蠹矣。

语出：《商君书·修权》。

古之民朴以厚，今之民巧以伪。故效于古者，先德而治；效于今者，前刑而法。

语出：《商君书·开塞》。

正民者，以其所恶，必终其所好；以其所好，必败其所恶。

语出：《商君书·开塞》。

利天下之民者，莫大于治；而治莫康于立君；立君之道，莫广于胜法；胜法之务，莫急于去奸；去奸之本，莫深于严刑。

语出：《商君书·开塞》。

靳令则治不留，法平则吏无奸。

语出：《商君书·靳令》。

仁者能仁于人，而不能使人仁；义者能爱于人，而不能使人相爱。是以知仁义之不足以治天下也。

语出：《商君书·画策》。

立法明分而不以私害法则治。

语出：《商君书·画策》。

法令者民之命也，为治之本也，所以备民也。名分不定而欲天下之治也，是犹欲无饥而去食也，欲无寒而去衣也，欲至东而西行也，其不几亦明矣。

语出：《商君书·定分》。

明主慎法制，言不中法者，不听也；行不中法者，不高也；事不中法者，不为也。

语出：《商君书·君臣》。

官不私亲，法不遗爱。

语出：战国·慎到《慎子·君臣》。

治国无其法则乱，守法而不变则衰。

语出：战国·慎到《慎子·逸文》。

法之功，莫大于使私不行。

语出：战国·慎到《慎子·逸文》。

法非从天下，非从地出，发于人间，合乎人心而已。

语出：战国·慎到《慎子·逸文》。

法虽不善，犹愈于无法。所以一人心也。

语出：战国·慎到《慎子·威德》。

有权衡者，不可欺以轻重；有尺寸者，不可差以长短；有法度者，不可巧以伪诈。

语出：战国·慎到《慎子·君人》。

君人者，舍法而以身治，则诛赏予夺从君心。然则，受赏者虽当，望多无穷；受罚者虽当，望轻无已。

语出：战国·慎到《慎子·君人》。

不用法者，国有常刑。

语出：《周礼·地官·小司徒》。

礼不下庶人，刑不上大夫。

语出：《礼记·曲礼上》。

枉桡不当，反受其殃。

语出：《礼记·月令》。

信以结之，则民不背。

语出：《礼记·缁衣》。

宥过无大，刑故无小。

语出：《尚书·大禹谟》。

刑期于无刑。

语出：《尚书·大禹谟》。

举事不私，听狱不阿。

语出：《晏子春秋·内篇问上七》。

喜乐无羡赏，愤怒无羡刑。

语出：《晏子春秋·内篇问下》。

禁之以制，而身不先行，民不能止。

语出：《晏子春秋·杂下》。

同罪异罚，非刑也。

语出：《左传·僖公二十八年》。

小大之狱，虽不能察，必以情。

语出：《左传·庄公十年》。

有事不避难，有罪不避刑。

语出：《国语·晋语七》。

乱在内为宄，在外为奸，御宄以德，御奸以刑。

语出：《国语·晋语六》。

恶有衅，虽贵，罚也。

语出：《国语·鲁语》。

国斯无刑，偷居幸生。

语出：《国语·晋语》。

毁则者为贼，掩贼者为藏。

语出：《国语·鲁语上》。

一天下者，令于天下则行，禁焉则止。

语出：战国·鲁·尸佼《尸子》。

制国有常，而利民为本；从政有经，而令行为上。

语出：《战国策·赵策二》。

毛羽不丰满者不可以高飞，文章不成者不可以诛罚。

语出：《战国策·秦策一》。

欲知平直，则必准绳；欲知方圆，则必规矩。

语出：战国·吕不韦等《吕氏春秋·自知》。

治国无法则乱，守法而弗变则悖。

语出：战国·吕不韦等《吕氏春秋·察今》。

乱国之俗，甚多流言。

语出：战国·吕不韦等《吕氏春秋·离谓》。

令苛则不听，禁多则不行。

语出：战国·吕不韦等《吕氏春秋·适威》。

既不能道，又以不正之法罪之，是法反害于民为暴者也。

语出：汉文帝《议除连坐诏》。

法正则民悫，罪当则民从。

语出：汉文帝《议除连坐诏》。

刑一而正百，杀一而慎万。

语出：汉·桓宽《盐铁论·疾贪》。

锄一害而众苗成，刑一恶而万民悦。

语出：汉·桓宽《盐铁论·后刑》。

曲木恶直绳，奸邪恶正法。

语出：汉·桓宽《盐铁论·申韩》。

罔疏则兽失，法疏则罪漏。

语出：汉·桓宽《盐铁论·刑德》。

世不患无法，而患无必行之法。

语出：汉·桓宽《盐铁论·申韩》。

天不变，道亦不变。

语出：汉·班固《汉书·董仲舒传》。

与其杀不辜，宁失于有罪。

语出：汉·贾谊《新书·大政》。

水浊者鱼噞，令苛者民乱，城峭者必崩，岸峭者必陀。

语出：汉·刘安《淮南子·缪称训》。

桀有得事，尧有遗道。故亡国之法，有可随者；治国之俗，有可非者。

语出：汉·刘安《淮南子·说山训》。

畜池鱼者必去猵獭，养禽兽者必去豺狼。

语出：汉·刘安《淮南子·兵略训》。

知为吏者奉法利民，不知为吏者枉法以害民。

语出：汉·刘向《说苑·政理》。

刑戮之民，不从君之政。

语出：汉·刘向《说苑·杂言》。

当公法则不阿亲戚。

语出：汉·刘向《说苑·至公》。

爱子弃法，非所以保国也。

语出：汉·刘向《说苑·至公》。

法不定，政多门，此乱国之风也。

语出：汉·荀悦《申鉴·政体》。

富于财而无义者，刑。

语出：汉·陆贾《新语·本行》。

法令行则国治，法令弛则国乱。

语出：汉·王符《潜夫论·述赦》。

政教积德，必致安泰之福；举措数失，必致危亡之道。

语出：汉·王符《潜夫论·慎微》。

明国法以至于无刑。

语出：汉·马融《忠经·守宰》。

画地为牢，势不可入；削木为吏，议不可对。

语出：汉·司马迁《报任少卿书》。

法之不行，自于贵戚。

语出：汉·司马迁《史记·秦本纪》。

法之不行，自上犯之。

语出：汉·司马迁《史记·商君列传》。

不奉公则法削，法削则国弱。

语出：汉·司马迁《史记·廉颇蔺相如列传》。

法正则民悫，罪当则民从。

语出：汉·司马迁《史记·孝文本纪》。

奉公如法，则上下平。

语出：汉·司马迁《史记·廉颇蔺相如列传》。

千金之子，不死于市。

语出：汉·司马迁《史记·货殖列传》。

法立于上，教弘于下。

语出：晋·陈寿《三国志·魏书·钟会传》。

治狱者得其情，则无冤死之囚。

语出：晋·陈寿《三国志·魏书·王朗传》。

诬服之情，不可以折狱。

语出：晋·陈寿《三国志·魏书·司马芝传》。

制法而自犯之，何以帅下？

语出：晋·陈寿《三国志·魏书·武帝纪》。

法轻利重，安能绝乎?

语出：晋·葛洪《抱朴子·酒诫》。

当杀不杀，大贼乃发。

语出：晋·葛洪《抱朴子·用刑》。

直言不闻，则己之耳目塞。

语出：晋·傅玄《傅子》。

塞一蚁孔而河决息，施一车辖而覆车止；立法令者，亦宜举要。

语出：晋·杨泉《物理论》。

妄进者若卵投石，逃诛者若走赴深。

语出：晋·杨泉《物理论》。

刑罚不能加无罪，邪枉不能胜正人。

语出：南朝·宋·范晔《后汉书·桓谭传》。

不有严刑，诛赏安置?

语出：南朝·梁·任防《奏弹曹景宗》。

匠万物者，以绳墨为政；驭大国者，以法理为本。

语出：南朝·齐·孔稚圭《上新定法律表》。

政猛宁若恩，法速宁若缓，狱繁宁若简。

语出：隋·王通《文中子·关朗》。

无赦之国，其刑必平；多敛之国，其财必削。

语出：隋·王通《文中子·王道》。

为威不强还自亡，立法不明还自伤。

语出：唐·魏徵《群书治要·新语》。

但有善心而不行之，不足以为政；但有善法度而不施之，法度亦不能独自行。

语出：唐·魏徵《群书治要<孟子·离娄>》。

泽被鱼鸟悦，令行草木春。

语出：唐·李白《赠张相镐》。

慎法宽惠不刻。

语出：唐·韩愈《唐故国子司业窦公墓志铭》。

凡法始立必有病。

语出：唐·韩愈《钱重物轻状》。

刑烦犹水浊，水浊则鱼喁。

语出：唐·白居易《策林》。

考广狭以分寸，定刓方以规模，则物不能以长短隐，材不能以曲直诬。

语出：唐·白居易《大巧若拙赋》。

法立，有犯而必施；令出，惟行而不返。

语出：唐·王勃《上刘右相书》。

却羡卞和双刖足，一生无复没阶趋。

语出：唐·李商隐《任弘农尉献州刺史乞假归京》。

罚一人，则千人恐；滥一罪，则百夫愁。

语出：唐·陈子昂《答制问事·请措刑科》。

刑罚者，不获已而用之。

语出：唐·张九龄《敕岁初处分》。

使迁善者自新，为恶者就戮。

语出：唐·张九龄《请东北将吏刊石纪功德状》。

知经而不知权，不知经者也；知权而不知经，不知权者也。

语出：唐·柳宗元《断刑论》。

刑之大本，亦以防乱也。

语出：唐·柳宗元《驳复仇议》。

法大弛，则是非易位。赏恒在佞，而罚恒在直。

语出：唐·刘禹锡《天论》。

法大行，则是为公是，非为公非。天下之人，蹈道必赏，违之必罚。

语出：唐·刘禹锡《天论》。

政不欲烦，烦则数改，数改无定，人怀苟免之心；网不欲密，密则深文，深文多伤，下有非辜之惧。

语出：唐·张说《词标文苑科策第一道》。

强人之所不能，虽令不劝；禁人之所必犯，虽罚且违。

语出：唐·张说《词标文苑科策第一道》。

死者不可再生，用法务在宽简。

语出：唐·吴兢《贞观政要·刑法》。

慎乃出令，令出惟行，弗为反。

语出：唐·吴兢《贞观政要·赦令》。

以刑止刑，以杀止杀。

语出：唐·长孙无忌《唐律疏议·名例一》。

德礼为政教之本，刑法为政教之用。

语出：唐·长孙无忌《唐律疏议·名例一》。

刑罚不可弛于国，笞捶不得废于家。

语出：唐·长孙无忌《唐律疏议·名例一》。

惩其未犯，防其未然。

语出：唐·长孙无忌《唐律疏议·名例一》。

轻重失序，则系之以存亡。

语出：唐·长孙无忌《唐律疏议·表》。

刑靡定法，律无正条，徽纆妄施，手足安措。

语出：唐·长孙无忌《唐律疏议·表》。

三族之刑，设祸起于望夷。

语出：唐·长孙无忌《唐律疏议·表》。

天地成岁也，先春而后秋；人君之治也，先礼而后刑。

语出：唐·马总《意林》。

渔人张网于渊，以制吞舟之鱼；明主张法于天下，以制强梁之人。

语出：唐·马总《意林》。

禁网尚疏，法令宜简；简则法易行而不烦杂，疏则所罗广而无苛碎。

语出：唐·李峤《论巡察风俗疏》。

尸位浪职，虽贵必黜。

语出：唐·孙樵《与高锡望书》。

重刑再复，国之常典。

语出：五代·张昭远等《旧唐书·刘晏传》。

措刑由于用刑，去杀存乎必杀。

语出：五代·张昭远等《旧唐书·睿宗纪》。

国之大纲，唯刑与政。刑之不中，其政乃亏。

语出：五代·张昭远等《旧唐书·来俊臣传》。

政宽则人慢，政急则人无所措手足。

语出：五代·张昭远等《旧唐书·郝处俊传》。

法者，国家所以布大信于天下；言者，当时喜怒之所发耳。

语出：五代·张昭远等《旧唐书·戴胄传》。

刑之有赦，其来远矣。

语出：宋·苏洵《上皇帝书》。

约之以礼，驱之以法。

语出：宋·苏洵《张益成画像记》。

为之度，以一天下之长短；为之量，以齐天下之多寡；为
之权衡，以信天下之轻重。

语出：宋·苏洵《申法》。

犯法之人，丝毫无贷。

语出：宋·苏轼《乞降度牒修定州禁军营房状》。

圣人之行法也，如雷霆之震草木，威怒虽甚而归于欲其
生。

语出：宋·苏轼《乞常州居住表》。

以物与人，物尽而止；以法活人，法行无穷。

语出：宋·苏轼《乞免五谷力胜税钱札子》。

敕法以峻刑，诛一以警百。

语出：宋·苏轼《论河北京东盗贼状》。

法有首从。

语出：宋·苏轼《缴词头奏状·沈起》。

以至详之法晓天下，使天下明知其所避。

语出：宋·苏轼《御试重巽申命论》。

法令明具，而用之至密，举天下惟法之知。

语出：宋·苏轼《策别第八》。

纪纲一废，何事不生？

语出：宋·苏轼《上神宗皇帝书》。

凡为天下国家，当爱惜名器，慎重刑罚。

语出：宋·苏轼《转对条上三事状》。

有法不行，与无法同。

语出：宋·苏轼《放榜后论贡举合作事状》。

政之费人也甚于医。

语出：宋·苏轼《墨宝堂记》。

其始不立，其卒不成。

语出：宋·苏轼《思治论》。

法出于仁，成于义。

语出：宋·苏轼《王振大理少卿》。

法相因则事易成，事有渐则民不惊。

语出：宋·苏轼《辩试馆职策问札子》。

任人而不任法，则法简而人重；任法而不任人，则法繁而人轻。

语出：宋·苏轼《私策问》。

厉法禁，自大臣始，则小臣不犯矣。

语出：宋·苏轼《策别》。

用法而不服其心，虽刀锯斧钺，犹将有所不避，而况于木索笞棰哉！

语出：宋·苏轼《策别》。

立法贵严，而责人贵宽。

语出：宋·苏轼《刑赏忠厚之至论》。

使冤者获信，死者无憾。

语出：宋·苏辙《宋子仪大理寺丞》。

惟教之不改，而后诛之。

语出：宋·苏辙《新论》。

因时立政。

语出：宋·苏辙《乞裁损浮费札子》。

法立于上则俗成于下。

语出：宋·苏辙《河南府进士策问》。

立法设禁而无刑以待之，则令而不行。

语出：宋·苏辙《河南府进士策问》。

法行于贱而屈于贵，天下将不服。天下不服，而求法之行，不可得也。

语出：宋·苏辙《上皇帝书》。

令在必信，法在必行。

语出：宋·欧阳修《司门员外郎李公谨等磨勘改官制》。

过不可以贰，赦不可以幸。

语出：宋·欧阳修《前光禄寺丞王简言复旧官制》。

刑入于死者，乃罪大恶极。

语出：宋·欧阳修《纵囚论》。

法者，所以禁民为非而使其迁善远罪也。

语出：宋·欧阳修《剑州司理参军董寿可大理寺丞制》。

法有明文，情无可恕。

语出：宋·欧阳修《论韩纲弃城乞依法札子》。

已有正法则依法，无正法则原情。

语出：宋·欧阳修《论韩纲弃城乞依法札子》。

言多变则不信，令频改则难从。

语出：宋·欧阳修《准诏言事上书》。

宠禄之过，罪之阶也。

语出：宋·欧阳修等《新唐书·柳泽传》。

因事而制，事已则罢。

语出：宋·欧阳修等《新唐书·百官志》。

南山可移，判不可摇。

语出：宋·欧阳修等《新唐书·李元纮传》。

自古乱亡之国，必先坏其法制，而后乱从之。

语出：宋·欧阳修《新五代史·王建立传传论》。

法施于人，虽小必慎。

语出：宋·欧阳修《春秋论》。

在位非其人，而恃法以为治，自古及今，未有能治者也。

语出：宋·王安石《上皇帝万言书》。

祖宗之法，未必尽善，可革则革，不足循守。

语出：宋·王安石《传家集》。

立善法于天下，则天下治；立善法于一国，则一国治。

语出：宋·王安石《周公》。

法令既行，纪律自正，则无不治之国，无不化之民。

语出：宋·包拯《上殿札子》。

教在初而法在始。家渎而后严之，志变而后治之，则悔矣。

语出：宋·司马光《家范》。

罪止一身，家属不问。

语出：宋·司马光《资治通鉴·陈纪》。

法存则国安，法亡则国危。

语出：宋·杨万里《上寿皇乞留张栻黜韩玉书》。

以法从人，不若以人从法。以人从法，则公道行而私欲止；以法从人，则公道止而私欲行。

语出：宋·杨万里《论吏部恩泽之弊札子》。

用法自大吏始，而后天下心服。天下心服，则何法之不可尽行，何赃之不可尽禁也哉！

语出：宋·杨万里《驭吏》。

大吏不正而责小吏，法略于上而详于下，天下之不服，固也。

语出：宋·杨万里《驭吏》。

杀人者死，然后人莫敢杀；伤人者刑，然后人莫敢伤。

语出：宋·李觏《安民策第八》。

法宽则刑者少，刑者少则民为耻矣。

语出：宋·崔敦礼《刍言》。

圣人无定法，非无善法也，忧用法者也。

语出：宋·崔敦礼《刍言》。

政产二门，下乃告勤。

语出：宋·宋祁《杂说》。

法者，国仰以安也；顺则治，逆则乱，甚乱者灭。

语出：宋·宋祁《杂说》。

规外求圆，无圆矣；法外求平，无平矣。

语出：宋·宋祁《杂说》。

栉之于发，不去乱不能治髻；法之于人，不诛有罪不能完善人。

语出：宋·宋祁《杂说》。

钢刀虽利，不斩无罪之人。

语出：宋·释普济《五灯会元》。

法者，所以适变也，不必尽同道者。

语出：宋·曾巩《战国策目录序》。

法明则人信，法一则主尊。

语出：宋·王溥《唐会要》。

法不胜事，则天下之乱纷然而起。

语出：宋·张耒《论法》。

道不足以通庶事，不谓之道；法不足以行万世，不谓之法。

语出：宋·毕仲游《试荫补人议》。

法久则易玩，事久则易怠。

语出：元·欧阳玄等《宋史·陈居仁传》。

法若有弊，不可不变。

语出：元·欧阳玄等《宋史·张商英传》。

文事举而又不涉于虚。

语出：元·蒲道源《策问·国学策问》。

民知畏吏而不知畏法，故法不立，则权移于下吏。

语出：元·胡祗遹《论治法》。

时弊则难救，法弊则易革。

语出：元·胡祗遹《论时事》。

法无宽严，清者斯贵。

语出：明·徐祯稷《耻言》。

为治有体，上下不可相侵。

语出：明·罗贯中《三国演义》。

治国者，必以奉法为重。

语出：明·罗贯中《三国演义》。

中者，立法之本；信者，行法之要。

语出：明·薛瑄《读书录》。

凡事不可轻疑，惟断狱不可不疑。

语出：明·吕坤《呻吟语·刑法》。

因偶然之事，立不变之法；惩一夫之失，苦天下之人。

语出：明·吕坤《呻吟语·刑法》。

无治人，则良法美意反以殃民；有治人，则弊习陋规皆成善政。

语出：明·吕坤《呻吟语·治道》。

法果宜民，当争则争。

语出：明·戚继光《练将·宽度量》。

药石所以治疾，而不能使人无疾；法制所以备乱，而不能使天下无乱。

语出：明·方孝孺《深虑论二》。

纵有良法美意，非其人而行之，反成弊政。

语出：明·胡居仁《居业录·古今》。

欲革玩法之心，安得不立怵心之法？

语出：清·林则徐《筹议严禁鸦片章程折》。

去邪勿疑，出令勿贰。

语出：清·赵尔巽等《清史稿·谢济世传》。

法有一定，而情别万端，准情用法。

语出：清·汪辉祖《学治续说·法贵准情》。

善言人者，必有资于法矣。

语出：清·魏源《皇朝经世编·序》。

家怕先富后贫，政怕先宽后紧。

语出：清·申居郧《西岩赘语》。